学問
キャリアの
作り方

小林弘司
ジャヤセーナ・パスマシリ
鈴木絢女
藤野友和
望月俊孝
渡邉俊

大学教育出版

はじめに

　あなたはなぜここにいるのですか。人は誰もがいまここに生きているわけですが、自分はなぜこの世に、この国に、この場所にいるのかと考えてみると、不思議な気持ちになってきませんか。そこにはさまざまな事情があり、何かの因縁やなりゆきがあり、将来の夢や目標に寄せる秘めた情熱もあるでしょう。

　自分はなぜ、この大学のこの教室にいて、いまここで何を学ぶのか。あなたはこの問いに、どう答えますか。受験勉強でお世話になった問題集のように、巻末に答えが1つ用意されているわけではありません。問われているのはあなた自身であり、だから自分で考えて答えるしかありません。その答えはあなたの考え方しだいでどうにでも変わります。それをどう表現するかもあなたしだいです。とはいえ他人と違う答えをわざわざこしらえる必要はありません。自分でじっくり考えた答えなら、それがただちに自分を原点（オリジン）とする**オリジナルな自己表現**となります。個性はここにおのずと現れます。

　そして現実世界はこの種の問いであふれています。人生の困難な課題に対しても、社会の複雑な問題に対しても、あらかじめ決まった答えがないところで、あれこれ考えぬいて最善を尽くし、最適の解決策を探っていくほかにないのです。この現実世界であなたはどう生きていきますか。国際化の進む現代社会の一市民として、あなたは大学で何を学んで

おきたいですか。ここで学問して身につけた力を生かし活躍するために、どういう準備をしておいたらよいでしょう。自分の生きていく道筋を考えて、これから進むべき方角を見定めましょう。

「キャリア」は通常、「職業」や「職歴」、特別高度の「専門職」として理解されています。しかし元来はもっと広い意味をもっています。ためしに大辞典で"career"を引いてみましょう。すべての人の「生涯の経歴」や「一生の行路」という意味もあることがわかるでしょう。

生きることは学ぶことです。大学で学問する4年間は、**一度きりの人生キャリア**のなかでも重大な転機です。知識つめこみ型で受け身の勉強から、自分の意欲と問題意識に根ざした主体的な学術研究へ！これまでの自分の学びを総括し、真に自立した一個の人間となるのです。自己の学びの基本姿勢をいまここで180°転換することで、あなたのこれからの人生の質も根本的に変容するはずです。『学問キャリアの作り方』という本書表題には、そういう熱い期待がこもっています。

もしもあなたが入学直後なら、いまが大学での**学びをデザイン**してみるチャンスです。これから始まるキャンパス・ライフを、さまざまに思い描いてみましょう。いままで頑張ってきて今後も続けたいこと、これから新たに始めたいこと、大学時代に一番やりたいことをメモに書き出してみましょう。

大学では物事を深く見つめて考える力を身につけます。高校までに習得した基礎知識を総動員し、壮大な学問世界に分け入って、自分の問題関心に応じて学科やコースで特定分野を専攻し、みずから本格的に深く掘り下げて学問するのです。なかでも一番重要なのは、学生生活の集大成たる卒業研究です。卒業論文は誰が書くのでしょうか。あなた自身

です。テーマは誰が決めるのでしょうか。これもあなた自身です。ここでは結論となる答えだけでなく、問いそのものも自分で立てるのです。大変ですね。不安ですか、それとも楽しみですか。

　学問する人は誰かに教わり習うだけでなく、みずから学んで問い、問うて学ぶことをくりかえす。事柄を適切に問う方法を学び取るなかで、将来直面するだろう現実の問題を深く考える力を養っていく。卒業までにそういう「学問力」を身につけた自分に成長し、**広く深く高い教養**をみずから一生涯かけて獲得していく、「伸びしろ」をもった豊かな人間になれるように、まずは勇気を奮って一歩を踏み出しましょう。本書はそれを心から応援しています。

　本書は大学4年間だけでなく、その後をみすえた初年次教育のテキストでありたいと、欲張りな希望をいだいています。しかも従来のテキストが、読み、書き、プレゼンといった個人の学習スキルの涵養を主な目的としていたのに対して、本書は、知の生産それ自体が協同の営為であることを強調し、他者と関わり、他者と共に新しい知を創出することのできる人材育成・人間形成を目指しています。アカデミック・スキルのみならず、ソーシャル・スキルをも涵養することを目的として、本書は、討論や質疑応答、建設的に批判し合うことの重要性や、その方法をていねいに解説しています。ディスカッションやグループワークをつうじて**協同で主体的に学ぶ**ことの重要性を謳う本書は、今日の大学教育の現場に適したテキストだと確信しています。

　客観的な根拠と良心にしたがい、自分で考えて答えを出し、責任をもって発信し、他者と良好に関われる、学術的な教養にあふれた次世代リーダーへの成長。これを大いなる目標として、第Ⅰ部は文理の別なく

全学問に共通の基本姿勢と留意点を、1学期間のゼミをつうじて順序良く、ひととおり学べるように編集してあります。みずから批判的に考え、みんなで話し合い、協同で学ぶ研究仲間の一員として、自分の問いを立てて、既存のデータを「調べる」、文献や図表を「読む」。みずからの仮説を検証し、充分な根拠を得たうえで、全体構成を練ってレポートを「書く」。そして研究成果を効果的に「発信する」。この一連の学問力を、各章の**演習**の実践をとおして鍛えましょう。

そして第Ⅱ部には、学問力をさらに高める技法として、インターネットの活用法や、統計データの分析法、そして協同学習の諸技法等、やはり文系・理系の区別なしに、実社会でも頻繁に利用されているものを、簡潔に解説しています。どうぞ適宜適時に参照し、活用してください。

初年次ゼミだけでなく、大学の授業や研究室や自主ゼミでの発表・討論はみな、みずから学問する仲間たちと、切磋琢磨して互いを高め合う、とても貴重な成長体験の現場です。この**大きな学びの手ごたえ**を見失いかけた高学年次の諸君、そしてまた企業や地域や家庭等、人間社会に山積する問題と日々格闘するなかで、数年前の学生時代の学びの意味を再認識したいあなたにも、ぜひとも本書を手に取っていただければ幸いです。そしてこれからのわれわれの現実世界が、人間の豊かな学びの継続と連繋により、すこしでもよりよいものになることを切に希望しています。

目　次

はじめに i

本書の使い方 ix

第 I 部　自立編 　　　　　　　　　　　　　　　　　　　1

第 1 章　大学で学ぶということ　　　　　　　　　　　2
- 1.1　大学ってどんなところ？ 2
- 1.2　大学での学びとは？ 5
- 1.3　「自ら」の重み 8
- 1.4　批判的思考 10
  - 1.4.1　批判的思考とは何か 10
  - 1.4.2　コミュニケーションが批判的思考を育てる 11

第 2 章　学術研究とは　　　　　　　　　　　　　　　13
- 2.1　学術研究とは 13
- 2.2　学術研究のプロセス 15

第3章	文献を探す	20
3.1	なぜ既存文献を読まねばならないのか	21
3.2	情報の鮮度	22
3.3	学術文献の形態と性質	23
3.4	学術書籍の構造	25
3.5	学術文献の探し方	27
	3.5.1　図書館を利用する	27
	3.5.2　データベースで学術文献を探す	29
第4章	読む	31
4.1	文献の批判的読解	32
4.2	文章の要約と批判的読解	34
4.3	図表の批判的読解	39
第5章	書く	43
5.1	レポート・論文とは何か	43
	5.1.1　レポート・論文と感想文の違い	44
	5.1.2　レポートの構成	45
5.2	引用の仕方	48
	5.2.1　引用と参考の基本的なルール	48
	5.2.2　学術論文を眺めてみよう	50
5.3	参考文献一覧	54
5.4	図表の使い方	56
	5.4.1　表を作成するときの注意点	56

　　　　5.4.2　図を作成するときの注意点 ……………………………… 57
　　　　5.4.3　図表番号のつけかた ………………………………… 58
　5.5　わかりやすい日本語を書く ……………………………………… 59

第6章　伝える　　　　　　　　　　　　　　　　　　　　　　66
　6.1　発表準備から発表まで …………………………………………… 67
　6.2　スライドを作成する際の注意点 ………………………………… 69
　6.3　よいプレゼンテーションとは …………………………………… 71
　6.4　質問・コメントの重要性 ………………………………………… 72

第II部　鍛錬編　　　　　　　　　　　　　　　　　　　　　　75

第7章　みんなで考える・学び合う　　　　　　　　　　　　　76
　7.1　ワークショップ …………………………………………………… 77
　　　　7.1.1　ワークショップとは？ ……………………………… 77
　　　　7.1.2　ワークショップの運営 ……………………………… 78
　　　　7.1.3　アイスブレイク ……………………………………… 81
　　　　7.1.4　ブレイン・ストーミング …………………………… 83
　7.2　ディベート ………………………………………………………… 88

第8章　統計データを収集する・分析する　　　　　　　　　　99
　8.1　母集団と標本 ……………………………………………………… 100
　8.2　各種統計データを活用する ……………………………………… 103

8.3　データの尺度を見極める ……………………………………… 105
　8.4　中心の指標〜平均値と中央値 …………………………………… 107
　8.5　ばらつきの指標〜標準偏差 ……………………………………… 109
　8.6　データを可視化する …………………………………………… 111
　　　8.6.1　棒グラフ …………………………………………………… 111
　　　8.6.2　円グラフ・帯グラフ ……………………………………… 113
　　　8.6.3　折れ線グラフ ……………………………………………… 114
　8.7　データの関連性を調べる ……………………………………… 116
　　　8.7.1　量的データの関連性〜散布図と相関係数 ……………… 116
　　　8.7.2　質的データの関連性〜分割表 …………………………… 118

第9章　インターネットで調べる　　　　　　　　　　　　　120
　9.1　検索エンジンを活用する ……………………………………… 121
　9.2　Wikipediaの利用について …………………………………… 127

付録A　スケジュール管理のすすめ　　　　　　　　　　　　129

付録B　メールの作法　　　　　　　　　　　　　　　　　　132

あとがき　　　　　　　　　　　　　　　　　　　　　　　137

索　　引　　　　　　　　　　　　　　　　　　　　　　　140

執筆者紹介　　　　　　　　　　　　　　　　　　　　　　142

本書の使い方

　大学では、自分で考え、自分で知を生み出すことが求められています（第1章「大学で学ぶということ」）。自分で知を生み出すにあたり必要とされるのは、疑問を持ち、自分で調べ、分析し、答えるスキルです（第2章「学術研究とは」）。研究をはじめるためには、研究対象であるこの世界に関心を持つと同時に、基本的な知識を習得しておく必要があります。まずは、専門分野にとらわれず、色々な分野の講義に出席して、さまざまな知の世界を体験してください。ただし、大学の講義は、たんに授業に出て教科書や参考書を読み、知識を記憶するというものではありません。講義ノートの取り方を工夫したり、教員に積極的に質問したりして理解を深め、自分なりに問題意識を深めていきましょう。また、知識の源泉は、授業だけではありません。図書館におもむき、関心のある本や論文を読みましょう（第3章「文献を探す」）。その際、本や論文の内容をしっかりと理解しつつも、「本当かな？」と疑問に思う気持ちを常に持っていてください（第4章「読む」）。

　大学での学びは、ここでは終わりません。大学生になったみなさんには、「発信者」となることが求められています。みなさんが一人の自立した人間としてメッセージを発するためには、それなりの根拠が必要です。インターネットや文献、統計資料を調べたり、アンケートを行ったりして、データを集めましょう（第4章「読む」、第9章「インター

ネットで調べる」）。さらに、集めた統計データを適切な方法で分析し、結論を導くスキルを身に付け、説得的に意見を発信する力をつけましょう（第8章「統計データを収集する・分析する」）。

　根拠のある力強いメッセージは、社会にむけて発信されるべきです。執筆の作法やルールに則りながら、レポートや論文をまとめるスキル（第5章「書く」）や、口頭で聴衆に向けて発表するスキルを身に付けましょう（第6章「伝える」）。また、他の人とのコミュニケーションを通じて、社会にさまざまな考え方があることを知り、自らの殻を破り、他者と協力することも、より高いレベルの知を目指すうえで、不可欠です（第7章「みんなで考える・学び合う」）。さらに、大学での学びや仲間づくりをスムーズに進めるうえで、スケジュール管理や、メールの作法も体得しましょう（付録A・B）。

　本書は、大学以降の学びに必要なスキルを簡潔に紹介しています。とはいえ、本書を読めば学術研究に必要なスキルや態度が自然に身に付くというわけではありません。本を読んだ後は、頭と体をどんどん動かして、大学での学びを実践してみて下さい。研究が行き詰まってしまったとき、レポートの書き方が分からなくなってしまったとき、グループワークがうまく行かないとき、本書を再び開いて、前に進むヒントを得ていただければと思います。

第Ⅰ部
自立編

第1章
大学で学ぶということ

本章のポイント

・自ら問いをたて、自ら得た知識や良心に従って自ら答えを出すのが大学での学び
・読む、調べる、統計データを収集・分析する、伝える、書く、みんなで考える・話し合うといったスキルが不可欠
・世の中に「間違えない人」はいない
・他の人と共同し、責任をもって発信することが重要

　大学では、社会人となる4年後をみすえながら、自ら能動的に、知識や社会と関わることが求められます。受験勉強の時と同じ意識でいると、大学での講義や課題に戸惑いを覚えるかもしれません。頭の使い方、社会との向き合い方、人生で追求すべき目標についてじっくりと考え、大学での学びに臨んでください。

1.1 大学ってどんなところ？

　これからはじまる大学生活は、皆さんの人生においてどのような意味を持つでしょうか？ 人生の時間軸をすこし伸ばして考えてみましょう。

高校時代、皆さんは「生徒」として授業を受け、先生が黒板に書くことをノートに写し、教科書や参考書に書かれている知識を暗記していました。しかし、大学卒業後は、一人の自立した人間として**新しい知識や考え方を生み出す**ことを求められるようになります。また、高校時代の皆さんにとって「社会」とは、おもに授業科目を通じて眺める対象でした。しかし、大学卒業後は、**社会をよりよい方向に進める力として、積極的にかかわり、働きかける**ことが期待されます。

大学受験にあたっては、偏差値という序列が皆さんの選択にとって非常に重要だったでしょう。しかし、社会に出ると偏差値のようなわかりやすい序列はありません。**「成功」や「良い人生」の中身は、社会が決めるのではなく、皆さん自身が決める**のです。

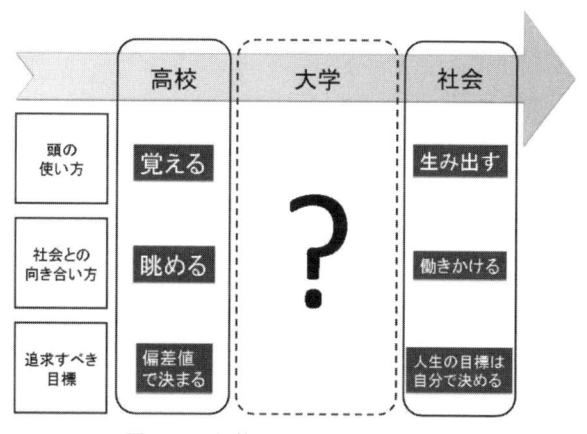

図 1.1　大学ってどんなところ？

今日から皆さんは、「生徒」（＝教育を受ける人）ではなく、「学生」（＝学業を自ら修める人）となります。これから始まる大学生活は、皆さんが、生き方を自ら選択し、新しい考え方やサービスを生み出し、社会に能動的に働きかける意欲と力を持った人間へと、大きく成長する大切な4年間です。夢を抱いて、毎日を大切に過ごしてください。

1.2 大学での学びとは？

それでは、大学では何をどう学ぶのでしょうか？ 高校までの学びと比較しながら考えてみましょう。

【高校までの学び】

問い：次の記述から適当なものを選びなさい。

(a) 知的所有権が、貿易と関税に関する一般協定のケネディ・ラウンドで交渉分野として取り上げられた。
(b) 知的所有権は、世界知的所有権機構によって統一されている。
(c) 知的所有権をめぐる紛争は、新興工業国と先進工業国との間では生じていない。
(d) 知的所有権は、それが保護している対象がコンピュータソフトや音楽のような模倣が容易なものが多く、権利侵害に対して脆弱な面を持つ。

(平成 21 年度大学入試センター試験「現代社会」より、一部改変)

知的所有権が交渉分野として取り上げられたのはウルグアイ・ラウンドなので、(a) は間違い。「世界知的所有権機構」なるものは存在しないので、(b) も間違い。新興工業国と先進工業国の間で知的所有権をめぐる紛争が起きているので、(c) も間違い。よって、正解は (d) です。この問いには、「現代社会」の教科書や用語集の内容が頭に入ってさえいれば、答えることができます。また、正解は一つです。

それでは、この問いはどうでしょう？

> 【大学以降の学び】
> 問い：知的所有権はいかなる場合にも保護されねばならないか？

　莫大な資源と努力を費やして発明されたアイディアは保護されるべきです。また、技術革新の動機という観点からも、この問いの答えは「保護されるべきだ」となるでしょう。

　しかし、知的所有権のために、必要なモノが必要な人に届かないとしたら、どうでしょうか？

　今日、HIV患者の多くは貧困国にいます。しかし、その人たちを助けることのできる抗HIV薬の組成データは、知的所有権によって保護されています。現在、インドやブラジル、タイなどの新興国が、貧困国の患者にも届けられるような安価なコピー製品（ジェネリック薬品）を製造しています。しかし、世界貿易機構（WTO）の「貿易関連知的所有権に関する協定」（TRIPS）の取り決めによって、ジェネリック薬品の製造や販売にはさまざまな制約があります。

　知的所有権と人の生命の緊張関係をどのように解決すべきか。大学に入った皆さんが答えねばならないのは、このような問いなのです。

　この問いに答えるためには、公衆衛生、薬学、国際政治、国際法、経済学など、**さまざまな分野の知識**が必要です。一つの科目の知識だけでは答えられません。また、この問いは、上に述べたようなジェネリック薬品と知的所有権に関する現状を知らなければ、意味をなしません。別の言い方をすれば、解答すべき問いが用意されていた高校までの学び方

とは異なり、**皆さん自身が現実に目を向けなければ、この問いそのものが出てこない**のです。皆さんが、自分を取り巻く社会、人類、地球が直面する問題に目を向けるとき、そこに答えるべき問いは立ち現れます。さらに、センター試験とは異なり、この問いには、**複数の答えがあり得**ます。先進国の製薬会社と貧困国の政府、ジェネリック薬品の生産者とでは、この問いに対する答えは異なるでしょう。大学以降の答えは、こうした**立場の違いを認識しながら**、**事実にもとづく根拠と自身の良心にしたがって出す**ものなのです。

　つまり、これから先、みなさんは**自ら問いをたて、自ら答える**のです。

1.3 「自ら」の重み

　自ら問い、答える力と態度を身につけるためには、次のような学術的スキルが必要です。

・問いを発見する（問題集の空欄を埋めればよいのではありません）
・情報を集める（教科書に書いてあることがすべてではありません）
・他の人の意見や見方を理解する（世の中には、さまざまな答えがあります）
・自分の考えを論理的に組み立てる（他の人にも分かってもらえるように筋道を立てます）
・自分の考えを発表する（すばらしい答えは、どんどん社会に向けて発信しましょう）

　このようなスキルを実践するにあたり、「間違えない人はいない」ということを、常に心に留めておいてください。

　人間は、無知によって、あるいは誤解によって、もしくは思い込みによって、どんなに博識な人でも、どんなに地位の高い人でも、間違えます。この事実を厳しくうけとめた考え方は、「無謬性（むびゅうせい）の仮定の排除」といい、学問の基礎をなす精神です。「無謬性の仮定」を排除すると、次のような重要な態度が導かれます。

(1) あらゆる知識や情報を検証する

　　先生が言ったから、みんなが言ったからという理由で、ある知識が

真実であると信じてはいけません。先生やみんなの根拠が事実に反していないか、前提は間違っていないか、論理的に筋が通っているかどうか、自分の頭で考えてください。

(2) 他の人と協同する

人によってものの見方は異なりますし、間違える場合もあります。だからこそ、さまざまな立場や角度から意見を出し合い、一人では到達しえなかったようなすばらしい答えを出すことが可能になります。

(3) 自ら責任を持って発信する

皆さんは、他の人が思いつかなかったような答えや、他の人が見逃していた事実を知っているかもしれません。ですから、協同してよりよい答えを出すために、自身の意見を、責任をもって発信する必要があるのです。「世の中の多くの人がAと言っているからAだ」といったり（順応主義 conformism）、誰かの言っていることを、さも自分の意見であるかのように言ったりすること（剽窃 plagiarism）は、責任ある発信とはいえません。また、自らの意見が社会に向けて発信されると、さまざまな社会的な影響がありうるということにも留意しましょう。いたずらに誰かの気持ちを傷つけたりしないためにも、学術研究の方法をしっかり身に付けましょう。

1.4 批判的思考

> **本節のポイント**
> - 「批判」と「非難」の違いを理解しよう
> - 主張の「正しさ」を判定する学問的態度を身につけよう
> - 他者だけでなく自分自身の拠って立つ見方や考えの前提をも検証できる視野をもとう

1.4.1 批判的思考とは何か

批判的思考とは、ある主張なり意見なりについて、それがしっかりとした「根拠」にもとづいて成立しているのかどうか検証し、その論理的な「正しさ」を判定しようとする思考のことをいいます。この場合の「根拠」とは、たとえば実験結果や科学的な方法にもとづく社会調査によって得られたデータが、代表的なものとしてあげられます。多くの人々に「正しい」と受けとめられるような主張や意見をもつためには、多くの人々に「正しい」と受けとめられるような、すなわち多くの人の検証に耐えられるようなしっかりとした「根拠」が必要です。

さらに、ある主張や意見について、それが前提としている考え方そのものを検証することや、倫理的に妥当かどうかを検討することも含みます。例えば、クローン技術を医療に活用するための研究は、生命の操作はどこまで許されるのかという倫理的な問題を検討しながら進められています。

ある主張や意見を批判的思考により検証した結果、それらの「正し

さ」を再確認することはたくさんありますし、逆に「誤り」に気づくこともあるでしょう。英語では「批判」のことを"critique"といいます。これは「批評」とも訳されることからわかるように、物事の良し悪しを正しく見分けること、良い点は良いと評価し、悪い点は根拠を示してよりよいものにしていこうとすることです。したがって「批判」とは、たんに相手を貶める目的での「非難」でも「否定」でもありません。むしろ、ある主張の「正しさ」を判定する自分自身の判断基準の適否や客観的な根拠の有無を、つねに厳しく問いただすことをも含みます。そういう学術的な「批判」とたんなる「非難」とは異なるのだ、ということをしっかりと認識しておかなければなりません。

1.4.2　コミュニケーションが批判的思考を育てる

　批判的思考は、こうして他者だけでなく自分自身の見方や考えの前提をも検証の対象とします。しかし、自身の見方や考えを批判的に見直すことは、ひとりではなかなかできません。自分自身を客観的にみつめるためには、他者からの指摘や意見がどうしても必要です。グループ内での議論を通じて、自身の考えがたんなる思い込みにすぎなかったことがわかった、という経験はありませんか？　同じ事実について述べているにもかかわらず、メンバーの意見と自身の意見とがまったく違うものになった、その原因が見方の違いにあることに気づいた、という経験はありませんか？

　さまざまな立場や角度から議論しあうことによって、あらたな「発見」や「気づき」が生じ、ひとりでは到達しえないような高次の見解にたどり着く足がかりを得ることができるのです。

コミュニケーションとは、他者と面と向かって言葉を交わすことだけに限りません。たとえば文献を通じてその著者の思考にふれることも、広い意味でのコミュニケーションであるといえるでしょう。批判的思考は、議論や文献を読むといったコミュニケーションを通じて育まれていくのです。

　他者だけでなく自分自身の拠って立つ見方や考えの前提をも検証できるような思考を、コミュニケーションを通じて育てていきましょう。批判的なテキストの読み方については「4.1　文献の批判的読解」の項（→ 32 頁）を参照してください。

第 2 章
学術研究とは

本章のポイント
- 学術研究とは、客観的なデータにもとづき、真理を追究する営為
- 明瞭で検証可能な「問い」をたてることが肝

　学術研究とは、さまざまな学問の蓄積をふまえたうえで、**学問の作法にのっとりながら**、**客観的なデータにもとづき**、オリジナルな意見を**発表する営為**です。大学4年間の集大成である卒業論文の執筆に際しては、指導教員のアドバイスを得ながらも、一人で学術研究をすることが求められます。

2.1　学術研究とは

　水道水はなぜ妙なにおいがするのだろうか？　どうしたら良質な睡眠がとれるだろうか？　日本の農村部で過疎化が進んでいるのはなぜか？　日本に対する国際社会の目はどう変化しているのだろうか？　東アジア地域の領土紛争はどのように解決できるだろうか？

　身近なものから国や国際社会レベルのものまで、世界は答えるべき

問いにあふれています。皆さんには、批判的思考にもとづき、みずからこのような問いに答えることが期待されています。その際、「みんなが言っているから」とか「なんとなく」ではなく、しっかりとした根拠にもとづいて答えを出すために用いる方法の一つが、学術研究です。

2.2 学術研究のプロセス

学術研究は、次のようなプロセスで進めます。

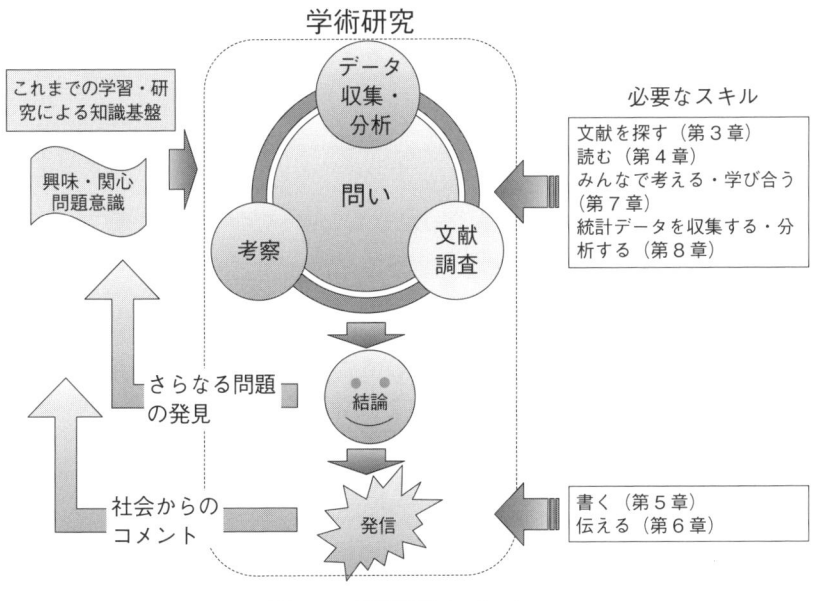

図2.1　学術研究のプロセス

■**問題意識**　問題意識とは、学術研究の「とっかかり」であり、問い、リサーチの方法、結論を導くものです。問題意識は、レポートや論文、口頭発表の冒頭で表明され、読者や聴衆にトピックの面白さや重要性を知らせ、彼らを土俵に引き込む役割も果たします。

問題意識は、日常生活の中で抱く素朴な疑問、ニュースや新聞で耳

にする国家や人類が直面している難題、大学の授業や自主ゼミなど、これまでの経験や学習、研究の積み重ねの中で醸成されます。たとえば、「どのようにすれば二酸化炭素削減のための国際協調がうまく行くのだろうか？」「日本とヨーロッパは、どのような関係を築いてきたのか？」「どうして丸い受精卵から複雑な形の動物が発生するのか？」など、さまざまな問題意識がありえます。まずは、皆さんの好奇心のおもむくままに考えてみましょう。

■問い　問題意識が固まったら、次は研究の問い（リサーチ・クエスチョン）を作ります。問いは、問題意識を具体化したもので、**「なぜ、いつ、どのように、誰が、どこで」などの疑問詞**で始まるか、もしくは肯定・否定などの選択肢を導くような疑問文として表現され、具体的な根拠を用いて答えることのできるものです。つまり、問いは、さまざまなデータを用いて答えることのできるものでなければなりません。**明瞭な問いができると、集めるべきデータの種類や、読むべき文献、情報の分析方法などが決まります。**たとえば……

> 問題意識　二酸化炭素削減に向けた国際協調は可能か？
> 問い　京都議定書は、各国の行動をどのくらい縛ることができるのか？
> リサーチの方法　京都議定書の内容や各国の CO_2 排出量のデータを集め、国家がどのくらい京都議定書に従っているかを明らかにする。

> **問題意識** 水道水はなぜ臭うのか？
> **問い** そもそも「水道水が臭う」というのは、個人の感覚の問題で、実際には臭っていないのではないか？他の地域ではどうなのか？
> **リサーチの方法** 居住地域の水道水と他地域の水道水、そしてミネラルウォーターの臭いをかぎ、違いを言い当てることができるか、複数人で検証する。

> **問題意識** そもそも近代日本は、ヨーロッパからどう見られていたのか？
> **問い** 近代イギリスで紹介された日本像とはどのようなものか？
> **リサーチの方法** イギリスの当時の新聞から、日本に関連する記事を抽出して検討する。

■**文献調査、データ収集・分析、考察** 問いが明瞭であることが、リサーチを発展させるうえで重要です。しかし、問い作りは、一筋縄ではいきません。まず、研究トピックに関する文献を調査し、基礎知識を習得するとともに、既存研究でどのようなことが主張されているかを知ることが不可欠です。また、問いに答えるための根拠となる資料や統計データを集め、分析する必要もあります。

ただし、問いを作ってから結論まですんなり行くことは、まれです。本や論文を読んで知識を増やすうちに問いが変わることや、うまく資料が集まらず、別の問いをたてざるを得ないことも、しばしば起こります。あるいは、実際に資料や統計データを収集し、分析してみたら、よ

り興味深い問いを思いつくこともあります。このように、問いを作り、文献を調べたり統計データを集めたりして考察し、それをふまえてよりよい問いを作り、少し視野を広げて文献を調べなおし、新しい資料統計データを収集し……といった具合に、問いと文献とデータのあいだを行ったり来たりしながら結論にたどり着くのが、学術研究のプロセスです。

■**問い作りに行き詰ったら**　明瞭な問いを作るために、次の点に気をつけましょう。

- **自分が知りたいことを、適切な形で文章化した問いになっているか？**……「〜について」というのは問いではありません。
- **アクセス可能なデータにもとづき答えを出せるような問いになっているか？**……必要なデータにアクセスできない場合や、データの量が多すぎてレポート提出の締め切りに間に合わない場合は、思い切って問いを変えてみましょう。
- **学問的、社会的に答える意義のある問いか？**……人類や社会にとって重要な問いには、多くの人が取り組んでいます。既存研究を読み、どんな人がどんな問いに取り組んできたかを参考にしましょう（→既存研究の読み方は、第4章参照）。

演習 2.1　問題意識を一つ決め、研究をデザインしてみましょう。まず、インターネットや文献で基本情報を集めてから、「なぜ」「どのように」「いつ」などの疑問詞から始まる問いを、思いつくだけ書き出します。

そのうえで、それぞれの問いに答えるにはどのようなデータを集め、どのような方法で分析すればよいか、また、そもそも答えることができそうか考えてみましょう。
　研究のデザインができたら、それを発表し、他の人からの質問やコメントをもらいましょう（→ 質問・コメントの仕方は、第6章参照）。

第3章
文献を探す

本章のポイント
- 学術研究を行ううえで、文献の調査は不可欠
- 目的やレベルにあった文献を選ぶ
- 学術分野の論文や文献には構造がある

　問題意識をふくらませ、適切な問いを設定するうえで、関心を持った分野の基礎知識を集めたり、その分野ですでに言われていることを学んだりする必要があります。また、どんなに素晴らしい問題意識を持ち、鋭い問いを設定しても、その問いに答えられるだけの根拠がなければ、学術研究は進みません。根拠を作るためには、情報を探す必要がありますが、情報収集の媒体はさまざまです。本章では、とくに学術文献の意義や使い方について解説していきます。

3.1 なぜ既存文献を読まねばならないのか

　学術研究を行ううえで、すでに公刊された書籍や論文を読むことは不可欠です。既存文献は、次のようなさまざまな意義を持ちます。

- **情報のソース**……文献から基礎知識を習得したり、研究のヒントを得たり、引用文献リストから次に読むべき文献をピックアップしたりすることができます。
- **意見の表明媒体**……世の中にさまざまな意見が存在することを知り、知の多元的状況を理解することが重要です。
- **オリジナルな意見によって乗り越えるための礎**……先人の議論の欠点や弱点を見つけ、それらを乗り越えることによってより、高次の知の創出に貢献するために必要です。

3.2　情報の鮮度

　インターネットで気軽に情報収集ができる時代に、なぜ本や論文を読まねばならないのかと思う人もいるでしょう。たしかに、インターネットでは、即時にさまざまな情報がアップロードされます。しかし、だからといって、そのような情報が信頼できるとは限りません（詳しくは、第9章「インターネットで調べる」を参照）。一般的にいって、学術文献は、筆者が明白であり、また客観的で検証可能な根拠を示しているため、信頼性が高いといえます。

　情報を収集する際には、以下の点に注意して、情報の質を見極めるようにしましょう。

- **情報の鮮度**（freshness）：
    - 公表するまでにかかる時間の長さに応じて、ウェブサイト＞新聞＞学術雑誌＞学術書籍の順に情報の鮮度が変わります。
- **情報の信頼性**（reliability）：
    - さまざまなウェブサイトの中でも、各国政府や国際機関などの公的機関が公開しているものは比較的信頼性が高いですが、それ以外の場合は注意が必要なものもあります。
    - フィールド・ワーク、インタビュー記録、自伝、文学作品、判例、議事録など、オリジナルな内容を伝える資料（一次資料）と、一次資料を材料として書かれたもの（二次資料）とでは、資料としての価値は、一次資料のほうが高いです。これは、二次

資料に筆者の主観が混入しているためです。

3.3　学術文献の形態と性質

　学術文献には、さまざまな形態や性質があり、それぞれ長所と短所があります。目的によって使い分けることができるようになると、学術研究のプロセスが飛躍的に効率化します。

【執筆や編集の形態による分類】
- **単著**：一人の著者が執筆した文献。著者の一貫したメッセージが表明されている。
- **共著**：複数の著者が執筆した文献。実験にもとづく大量のデータ処理を要する自然科学分野の論文では、一般的な形態。
- **編著**：複数の著者が執筆し、一人ないしは複数の編者が編集した書籍。編著の中に収録された複数の論文をまとめるようなテーマやメッセージがある場合と、単に複数の論文が並列されているだけの場合がある。
- **学術雑誌**：複数の著者による独立の記事や論文を収録したもので、専門分野ごとに発行されている。複数の論文に共通したトピックがある場合（スペシャル・イシュー）と、トピックの異なる論文が複数収録されている場合がある。

【読者層や専門性の違いによる分類】
- **ブックレット**：専門家が執筆している場合が多く、しかもコンパク

トなので、入門書として適している。巻末の参考文献一覧に基本書がリストアップされていることがあるので、研究の導入段階に最適。

・**学術書籍**：専門分野の用語と高度な研究手法を駆使した書籍で、分量が多く、おもに専門家に向けて書かれている。学術書籍は、筆者が結論に至るために用いたデータや方法論が明記されており、検証可能性が高いこと、当該トピックに関する複数の既存研究が紹介されており、トピックをめぐるさまざまな意見を知ることができること、文書全体の構造が分かりやすいこと、引用文献が豊富であることなどから、学術研究を進めるうえでは最も利用価値が高い。ただし、専門性が高く、言葉使いも難しいため、基礎知識を蓄積してから読んだほうがよい。

・**学術論文**：学術雑誌に収録されている論文。最新の研究動向をつかむのには、最も適している。ただし、字数制限のために、内容が濃縮され、専門用語もたくさん出てくるので、基礎知識をしっかりと習得した後でないと、理解しにくい。

・**新書**：専門家が執筆しているものも多いが、学術書籍とは異なり、一般向けの言葉遣いで書かれており、読みやすい。ただし、引用箇所が不明確であったり、参考文献が示されていないものもあるので、情報ソースとして用いる場合には、注意が必要。

・**一般書**：一般の読者層を想定して書かれた書籍。文章も平易で、トピックの面白さも伝わりやすい。ただし、客観的な根拠を欠いていたり、引用か否かが不明確であったりする場合もあるので、情報ソースとして用いる場合には、注意が必要。

3.4 学術書籍の構造

学術書籍には、決まった構造があります。次の構造をしっかり頭に入れて読めば、内容を把握しやすくなります。

- 目次
- 序章
  扱うトピックの重要性、既存研究、問いや方法などの研究の枠組み、結論の概要や、本論各章の要約が書かれているので、まずはこの章をじっくりと読み、本全体の流れを頭に入れましょう。
- **本論各章**
  研究の枠組みや結論をサポートするさまざまな根拠が詳しく書かれています。
- **終章**
  結論や今後の研究課題が書かれています。
- **参考文献一覧、索引、奥付**

終章まで読み終えると、それで満足してしまいがちですが、巻末の参考文献一覧や奥付も大切です。参考文献一覧には主要文献が網羅されているので、研究を進めるうえで必要な本や論文のリスト作りに役立ちます。また、**奥付に書いてある文献情報**は、必ず記録するようにしましょう（図 3.1）。本や論文を引用する場合には、著者や編者、タイトル、出版社、出版年などの文献情報を明記しなければなりません。本を読ん

だ後は、これらの文献情報と本の内容を簡単にまとめて、読書ノートを作っておくと便利です。

```
┌─────────────────────────────────────────┐
│            学問キャリアの作り方           │
│  ─────────────────────────────────────  │
│  2014年3月31日　初版第一刷発行           │
│                                         │
│              著　者　　　〇田〇子        │
│              発行者　　　×岡×太         │
│              発行所　　　△△大学出版会  │
│               〇〇市×区△町 15-9        │
│                郵便番号　000-0000       │
│                 電話　（××）-×××-××××  │
│              印刷所　　　☆☆株式会社    │
│                                         │
└─────────────────────────────────────────┘
```

図 3.1　奥付の例

3.5 学術文献の探し方

本の読み方が分かったら、早速図書館やインターネットで、学術文献を探してみましょう。

3.5.1 図書館を利用する

図書館とは、教育・学習活動、研究活動の支援を行う機関で、次のようなサービスを提供しています。

・図書の閲覧（開架式・閉架式）
・図書の貸し出し
・司書によるレファレンス・サービス
・複写サービス
・資料取り寄せサービス
・他図書館との相互利用サービス（ILL=Inter-Library Loan）

このうちレファレンス・サービスとは、探している情報が掲載されている資料を司書に紹介してもらうサービスのことです。

図書館では、次のような資料が利用できます。

・**参考図書（レファレンス・ブック）**
　百科事典／辞書／辞典／日本書籍総目録／目録／白書／統計資料／年鑑

- **図書**

  図書は、請求番号にしたがって並んでいます。背表紙などに貼られている請求番号のラベル（図3.2）の上段の番号は、分類番号（日本十進分類法：NDC-Nippon Decimal Classification）です。(0　総記、1　哲学・宗教、2　歴史・地理、3　社会科学、4　自然科学、5　技術、6　産業、7　芸術、8　言語、9　文学)
- **新聞**
- **学術雑誌**
- **視聴覚資料（ビデオ、CD、DVD など）**

図3.2　請求番号ラベル

　図書館で本を探す場合は、OPAC（Online Public Access Catalog）が便利です（図3.3）。タイトル、キーワード、著者、出版年、出版社、言語など、さまざまなフィルタで検索をかけることができます。

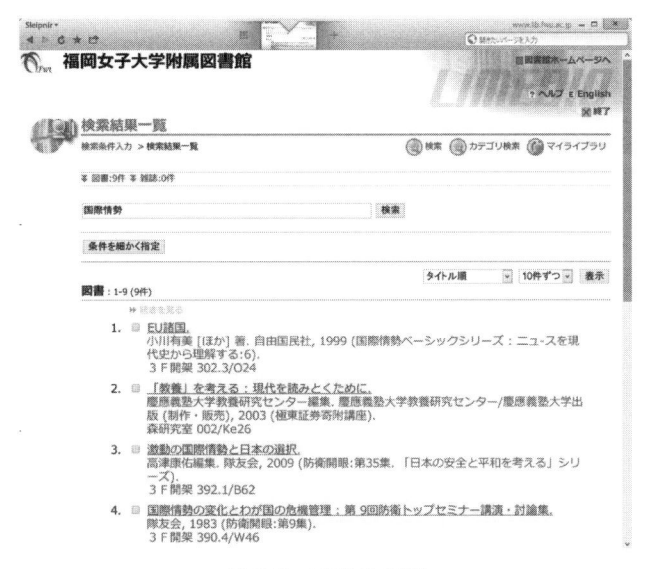

図 3.3 OPAC の例

3.5.2 データベースで学術文献を探す

　データベースを使えば、自分の関心のあるトピックに関する論文や図書、雑誌を効率的に探すことができます。国立情報学研究所が提供するデータベース・サービス CiNii[1] を使うと、全国の大学図書館が所蔵する本や雑誌を検索したり、日本国内で発行されている学術雑誌の論文を検索したりすることができます。

---
1) NII 論文情報ナビゲータ（http://ci.nii.ac.jp/）

演習 3.1　関心のあるトピックの本や論文を、OPAC と CiNii で探してみましょう。どのようなキーワードを入れると、自分の関心に合った文献が見つかるか、工夫してみてください。

演習 3.2　グループで一つトピックを決め、各自一冊ずつ本を借りて持ち寄り、内容や文章の難易度、引用や参考文献の有無、信頼性などについて、比べてみましょう。

図書館を活用しよう

第 4 章
読む

---**本章のポイント**---
・学術研究に批判的読解は必要不可欠
・文献やデータの要点を正確に把握する

　既存文献を調べ、集めたら、それらを「読む」作業にとりかからねばなりません。

　ただし一言で「読む」とはいっても、さまざまな意味があります。文字を声に出したりすることも、相手の心を察することも「読む」といいます。しかし、ここでいう「読む」とは、たんなる音読の「読む」や人の心を悟るといった意味での「読む」ではありません。書かれたものを理解しようとして「読む」、すなわち読解のことです。

　この、学術研究を行うために必要な読解の技法について、本章では解説していきます。

4.1　文献の批判的読解

「答え」が必ずしも1つではない、もしくは絶対的な「答え」が無いような「問い」と向き合うこととなる学術研究において、文献の批判的読解は必須です。

批判的読解とは、文献の内容を正確に把握・理解したうえで、そこで示されている根拠・論理・主張の妥当性について検証・確認しながら読む方法のことをいいます。批判的読解は次の4つのステップからなります。

1. **的確な読み**　文献の内容を正確に把握しなければ批判できません。
2. **解釈**　自分なりの理解に移し替えます。
3. **根拠の検証**　根拠としてあげられている事実や資料・論文そのものを検証します。
4. **意見の構築**　文献に対する自身の意見を明確な根拠をもとに示します。

「1.4.1　批判的思考とは何か」（10頁）のところで説明しましたが、「批判」とは、たんなる「非難」とは異なり、意見の当否や物事の良し悪しについて、明確な基準にもとづき正しく評価することをいいます。

文献読解の場合、評価するためにまずは、文献の内容を的確に把握しなければなりません。また、内容を把握しただけでは評価することはできませんから、意味を自分なりに解釈する必要が生じます。さらに、文

献のなかで示されている意見や主張についてきちんと評価するためには、その意見・主張を支える根拠が適切かどうかについても、検証しなければいけません。

　以上の過程を経てはじめて、文献に対する批判的な「問い」が生まれてくるのです。そして、自分のオリジナルな意見を構築し、その意見を他者へ発信するのです。

把握 → 解釈 → 検証 → 構築 → 発信

図 4.1　批判的読解のステップ

4.2 文章の要約と批判的読解

> **本節のポイント**
> ・各段落のキーワードやキーセンテンスに注目する
> ・主張とそれを支える理由および根拠に注目する
> ・文章全体の論理構造を正確に把握する

　レポートや論文を書く際、わたしたちは学術文献を参考にします。その内容のすべてをレポートなどに引用するわけにはいきませんから、当然、文献の要点を整理する必要が生じます。その際、求められるのが要約です。文献の内容を正確に要約したうえで、その見解に対して自身の見解を提示したり、根拠となるような各種資料や統計データに対する自身の解釈・見解を織り交ぜたりしながら、論文やレポートをかたちづくっていくわけです。

　要約ができるということは、対象とする文献の要点や論理構造を正確に把握・理解できている、つまり読解ができていることを意味します。

　それでは、文献を要約する際、どのような点に気をつければよいのでしょうか？　要約作成の手順を以下に紹介しますので、各段階の注意点をおさえておきましょう。

(1) 段落ごとに要点をまとめる

　段落とは「思想表現の単位」です[1]。「思想表現の単位」ですから、数行にわたる段落であろうが、一文しかない段落であろうが、そこには重要なメッセージが含まれています。

　通常、1段落につき1つのメッセージが含まれていますので、まずは段落ごとに、キーワードやキーセンテンスに注目しながら、その要点を拾い集めていく作業が有効です。

(2) 主張とその理由・根拠をまとめる

　段落ごとに要点をまとめる際、著者の主張やその理由・根拠に直接関係する部分には、とくに注目しておきます。具体的には次の点です。

・問題意識／問い……論の前提となる部分。

・事実の認識……客観的に確認できる事実を述べる部分。

・事実の説明……ある事実が起きた原因などを、客観的な根拠を用いて論証する部分。

・事実の説明にもとづいた提言……主張となる部分。

・背景にある認識の枠組み……基本的なものの見方。

(3) 文章全体の流れをふまえて要点をまとめる

　(1)と(2)によって抽出された要点と要点とが、論全体のなかでいったい、どのように関連しているのかについて分析します。つまり、文章全体の論理構造を正確に把握するということです。この作業をふまえ、全体の要約をつくります。

---

1) 本多勝一（1982）『日本語の作文技術』、朝日新聞社、190頁。

(1)〜(3) を経て最後に、要約した文章が整っているか否かについて検討します。

雇用・労働について考察した例文をもとに、図 4.2「要約作成のためのテキストへの書き込み例」、図 4.3「要約作成の手順」を掲げます。

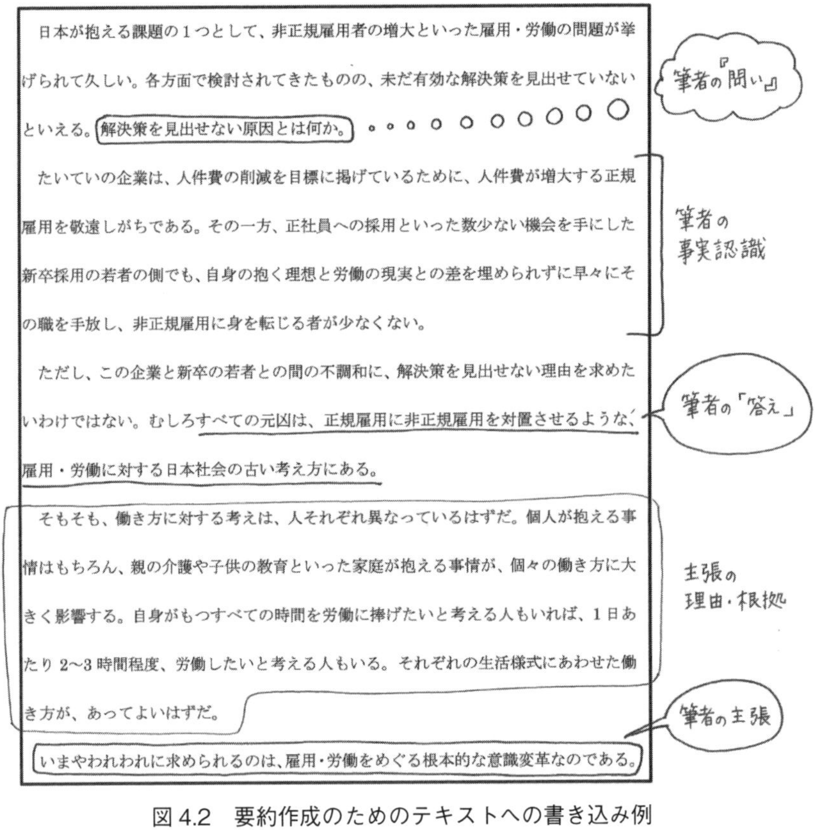

```
日本が抱える課題の1つとして、非正規雇用者の増大といった雇用・労働の問題が挙
げられて久しい。各方面で検討されてきたものの、未だ有効な解決策を見出せていない
といえる。解決策を見出せない原因とは何か。・・・○○○○○○○○

たいていの企業は、人件費の削減を目標に掲げているために、人件費が増大する正規
雇用を敬遠しがちである。その一方、正社員への採用といった数少ない機会を手にした
新卒採用の若者の側でも、自身の抱く理想と労働の現実との差を埋められずに早々にそ
の職を手放し、非正規雇用に身を転じる者が少なくない。

ただし、この企業と新卒の若者との間の不調和に、解決策を見出せない理由を求めた
いわけではない。むしろすべての元凶は、正規雇用に非正規雇用を対置させるような、
雇用・労働に対する日本社会の古い考え方にある。

そもそも、働き方に対する考えは、人それぞれ異なっているはずだ。個人が抱える事
情はもちろん、親の介護や子供の教育といった家庭が抱える事情が、個々の働き方に大
きく影響する。自身がもつすべての時間を労働に捧げたいと考える人もいれば、1日あ
たり 2〜3 時間程度、労働したいと考える人もいる。それぞれの生活様式にあわせた働
き方が、あってよいはずだ。

いまやわれわれに求められるのは、雇用・労働をめぐる根本的な意識変革なのである。
```

注釈：筆者の「問い」／筆者の事実認識／筆者の「答え」／主張の理由・根拠／筆者の主張

図 4.2　要約作成のためのテキストへの書き込み例

```
非正規雇用者増大の解決策を見いだせな
い原因とは何か？
   ↓
正規雇用を敬遠する企業側と、正社員の
職を手放しがちな新卒採用者といった企
業と若者との労働をめぐる不調和に一因。
   ↓
現代社会においては、個々の生活様式に
あわせた労働のあり方がのぞまれている
   ↓
正規雇用に非正規雇用を対置させる考え
方は、日本社会のもつ「古い」労働観で
あるから、意識改革をせねばならない
```

②主張と理由・根拠をまとめる

（根拠・問い・主張）

①要点をピックアップ　　③要約文にまとめる

図 4.3　要約作成の手順

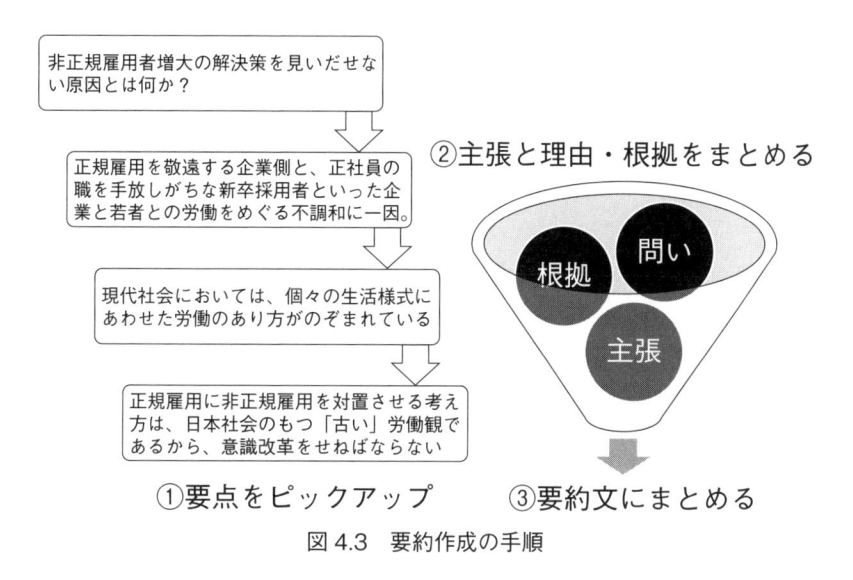

さらに、この節で学んだことをもとに、批判的な読解にチャレンジしてみましょう。図 4.4「批判的読解の例」を参考にして、次の演習に取り組み、要約力、批判的読解力をぜひ身につけてください。

38　第Ⅰ部　自立編

> 非正規雇用による平均年収の低下は、生活のあり様を一変させ、選択の余地を失わせるのでは？　生活水準の低下とともに生活様式の多様性を確保できなくなるのでは？

日本が抱える課題の1つとして、非正規雇用者の増大といった雇用・労働の問題が挙げられて久しい。各方面で検討されてきたものの、未だ有効な解決策を見いだせていないといえる。解決策を見出せない原因とは何か。

　たいていの企業は、人件費の削減を目標に掲げているために、人件費が増大する正規雇用を敬遠しがちである。その一方、正社員への採用といった数少ない機会を手にした新卒採用の若者の側でも、自身の抱く理想と労働の現実との差を埋められずに早々にその職を手放し、非正規雇用に身を転じる者が少なくない。

　ただし、この企業と新卒の若者との間の不調和に、解決策を見出せない理由を求めたいわけではない。むしろすべての元凶は、正規雇用に非正規雇用を対置させるような、雇用・労働に対する日本社会の古い考え方にある。なぜ「古い」と言えるのか？

　そもそも、働き方に対する考えは、人それぞれ異なっているはずだ。個人が抱える事情はもちろん、親の介護や子供の教育といった家庭が抱える事情が、個々の働き方に大きく影響する。自身がもつすべての時間を労働に捧げたいと考える人もいれば、1日あたり2〜3時間程度、労働したいと考える人もいる。それぞれの生活様式にあわせた働き方が、あってよいはずだ。

　いまやわれわれに求められるのは、雇用・労働をめぐる根本的な意識変革なのである。

> 事実認識に疑問。統計資料が示されていない。
> 筆者個人の主観？
> 世帯・家族構成や年代の差異をふまえたデータ収集が必要。
> そのための方策は？
> 「問い」との関係が不明瞭

図 4.4　批判的読解の例

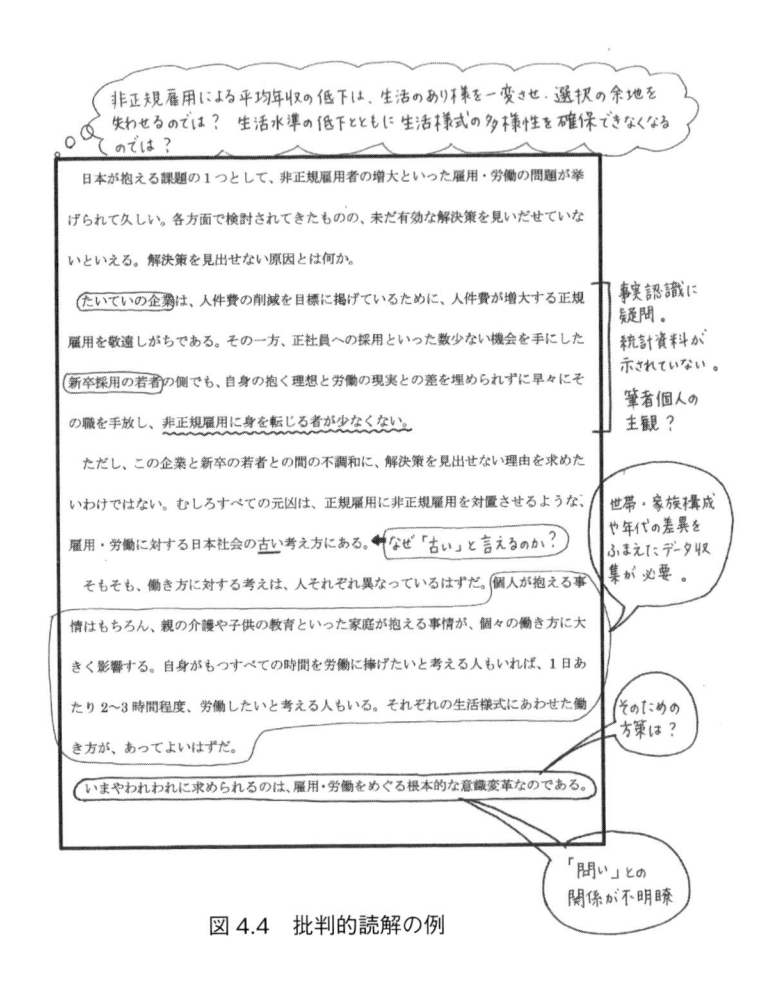

演習 4.1　新聞の社説から、主張・意見と理由・根拠を抜き出し、それぞれについて検証してみましょう。また、同一の問題について論じた別の社説を選び、主張・意見とそれを支える根拠について比較検証してみましょう。

演習 4.2　新聞の社説を要約・批判してみましょう。

4.3 図表の批判的読解

　図表は、著者の主張の根拠を視覚的に読み手に伝えるために用いられます。たしかに、難しい言葉を並べ立てられるよりも図表の方が理解しやすいものです。しかし、視覚的に理解できることで、思考が停止してしまい、著者の主張を鵜呑みにしてしまう恐れがあります。このため、文章同様に批判的に図表を読み取る必要があります。

　図 4.5[2] は、農林水産省が発表している世界各国の食料自給率についてのグラフです。みなさんは、このグラフから何を読み取りますか？

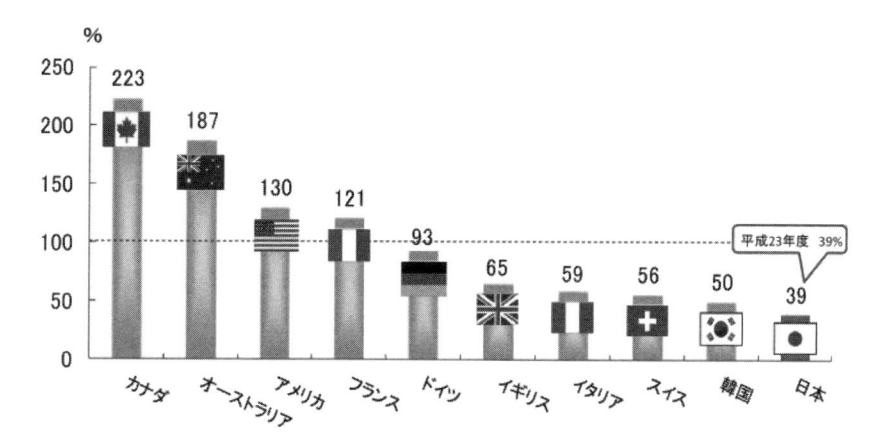

図 4.5　世界の食料自給率

---

[2] 出典：農林水産省ホームページ「食料自給率とは」http://www.maff.go.jp/j/zyukyu/zikyu_ritu/011.html、2013 年 3 月 6 日ダウンロード。

日本の食料自給率は世界と比べても格段に低いことに目がいくと思います。また、カナダやオーストラリアの食料自給率が高いことに気付くでしょう。そして、「あぁ、日本の食料自給率は低いから、改善しなければ！」と思ったのではないでしょうか。

　グラフの注意書きにあるように、このグラフは国際連合食料農業機関が管理運営する世界最大かつ包括的な食糧・農林水産物の統計データFAOSTAT[3]を元に、あくまで農林水産省が他の国の分も「作成」したグラフであり、世界各国（スイスおよび韓国を除く）が自国の食料自給率を発表しているわけではありません。また、膨大なデータの中から、どのデータをどのように分析してグラフにしたかも公表されていません。農林水産省は、このデータを元に日本の農業は世界的に見ても弱く、保護していく必要があるとしています。

　一方、同じ統計データを分析してもまったく異なる主張に辿り着く場合があります。『日本は世界5位の農業大国』[4]という本では、農林水産省が各国の食料自給率を算出するのに使用したFAOSTATのデータの中でも、特に生産額に着目して日本の農業は強いと主張しています（もちろん本文中では、その他さまざまな論旨が展開されています）。

　図4.6に、批判的な図表の読みかたの例を示します。グラフを理解する時には、もちろんグラフの縦軸と横軸が何を示しているのかに注目することも大事ですが、批判的に図表を読むためには、そのグラフの下に小さく書かれている注意書きはもちろんのこと、そのグラフをつくる元となったデータはなんなのか、その分析方法にはどういう意図があるの

---

[3] http://www.fao.org/corp/statistics/en/
[4] 浅川芳裕（2010）『日本は世界5位の農業大国　大嘘だらけの食料自給率』、講談社.

か、分析法は妥当なのかなど、文章同等に注意を払ってグラフを理解し、検証していく必要があります。

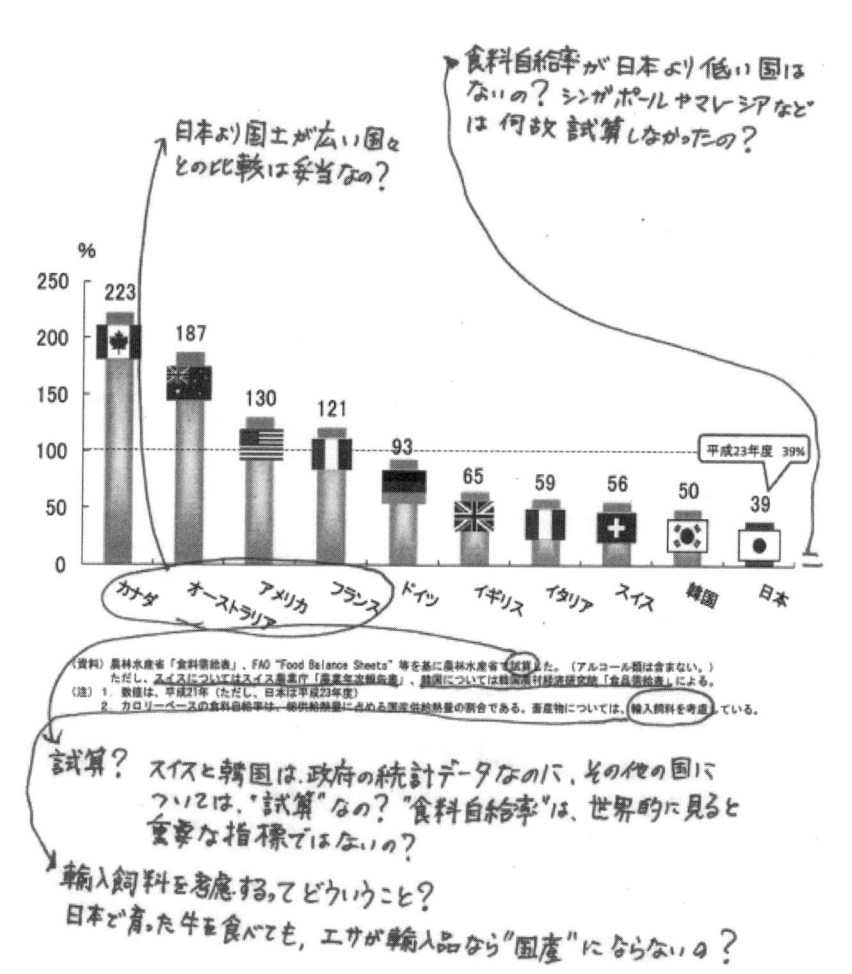

図4.6 批判的な図表の読みかたの例

演習 4.3　図 4.7[5] は、飲み続ければ体脂肪が減ると謳われている飲料の根拠データの一部です。このグラフを批判的に読んでみましょう。

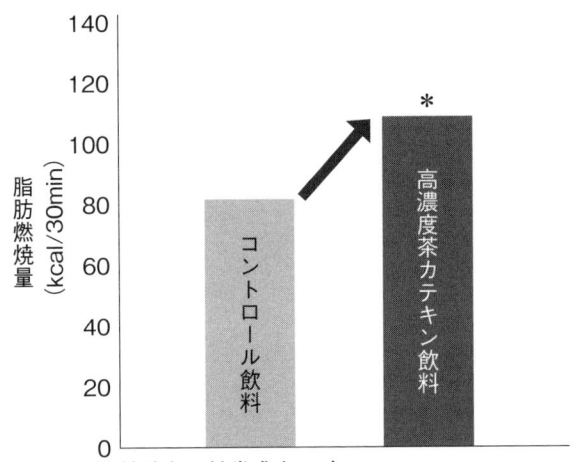

被験者：健常成人14名
高濃度茶カテキン飲料（1本当たり茶カテキン570 mg含有）
またはコントロール飲料（1本当たり茶カテキン0 mg含有）
を1日1本飲用8週間摂取後にウォーキング時の呼気を分析
（摂取期間中、週3回ウォーキング）
データは平均値　＊：$p<0.05$
J. Health Sci., 51, 233-236（2005）より作図

図 4.7　茶カテキンの日常活動時の脂肪燃焼効果

5）出典：花王ヘルシアホームページ http://www.kao.co.jp/healthya/catechin/index.html
2013 年 3 月 6 日ダウンロード。

第 5 章
書く

> **本章のポイント**
> ・感想文とレポートは違う
> ・レポートや論文の体裁を把握する
> ・学術論文には一定のルールがある
> ・読者に伝わる文章を書く

「問い」をたてる、既存文献を調べる、文献やデータを読む、自分なりの「答え」を構築する、といった一連の知的作業を行ったら、その学術研究の結果を文章にまとめて、レポートや論文を作成しましょう。

5.1 レポート・論文とは何か

レポートや論文とは、知的な営みを文章化して他者へ発信するための学術文書です。レポートは、論文に比べると分量の少ない学術文書のことを言います。

レポート・論文ともに、当然のことながら、読み手へその内容が正確に伝わる必要があります。意味のとれない文章や、論理構成が滅茶苦

茶な文書では、読み手の混乱をまねき、読み手と書き手のコミュニケーションが上手くとれません。また読み手が、レポートや論文の内容について検証できるように、さまざまな情報をルールに従って開示・明示しておく必要もあります。大学で求められるレポートや論文を書くためには、どのような点に留意する必要があるのでしょうか。以下、解説していきます。

5.1.1 レポート・論文と感想文の違い

レポートや論文は、学術文書であって感想文ではない、ということにまずは十分に注意しなければいけません。

感想文

口語 「びっくり」「とても」「もっと」「あんな」といった「話し言葉」が使われる。

主観的 「思った」「感じた」「～は嫌だ」など、主観を表明する文章が多い。

レポート

文語 口語を避け、「書き言葉」を使用する。文末は「である」「だ」。

客観的 調査や研究の結果、判明した事実と考察について書く。書かれている内容の妥当性については、根拠として引用されているデータや資料などにもとづいて他者が検証することができる。

【例文】

感想文:「日本は、もっと消費税をあげるべきだと思った。でも、食料品は嫌だ。」

レポート:「日本は、少子高齢化によって増大する社会保障費の財源を確保するために、消費税を増税しなければならない。ただし食料品にまで一律に適用することについては、低所得世帯の家計圧迫につながるため問題である。」

5.1.2 レポートの構成

(1) 序論……問題意識の表明、「問い」の設定、既存文献の紹介、結論
(2) 本論……調査や研究にもとづく事実・データなどの提示とその説明および考察、既存文献の批判的検討
(3) 結論……全体のまとめ、主張・意見の明示
(4) 注　　……本文の補足説明、出典の提示
(5) 参考文献一覧……参考とした文献の書誌情報の提示

(1) 序論

序論では、レポートを執筆するにあたって抱いた問題意識について表明し、これから考察しようとする「問い」を設定します。さらに序論では、設定した「問い」に関わる文献が示す調査内容や見解について紹介・説明・批判しながら、扱おうとしている問題や用いる方法、本論から結論にいたるまでの考察の手順といった点を明確にうちだしておきます。また序論で、レポート全体の要旨と結論とを

述べてしまう書き方もあります。
(2) 本論
序論で設定した「問い」に対する「答え」を導くために論証を展開する部分です。調査・研究によって得られた事実やデータなどを提示したり、その事実やデータなどを解釈したりして、主張・意見の理由や根拠を明示しながら論を展開していきます。
(3) 結論
レポート全体のまとめをします。考察によって得られた「問い」に対する「答え」を明確に述べます。
(4) 注
出典や本文の記述を補足説明するために注をつけます。注を記載する箇所については、ページごとにする（脚注）か、論文の末尾にまとめて表示する（後注）か、論文・著書のスタイルによります。注の書き方についても、論文・著書・学問分野によってそれぞれスタイルが異なります。
(5) 参考文献一覧
論文・著書によっては、巻末に参考文献を一覧にして表示するものがあります。その例については、「5.3 参考文献一覧」（54頁）を参照してください。

■注の書き方の例　以下に注の書き方の一例を示しておきます。
(1) 脚注／後注を使用して出典を明示する場合
本文中の記載：丸山真男は、……戦前の日本が「真善美の内容的価値を占有」[1] し、その実体たることに国家主権の基礎を置こうとし

たことを指摘する。

脚注／後注への記載：[1] 丸山真男（2006）『〔新装版〕現代政治の思想と行動』、未来社、15 頁。

(2) 脚注／後注を使用して本文の記述を補足説明する場合

本文中の記載：丸山真男は、……その実体たることに国家主権の基礎を置こうとしたことを指摘する[1]。

脚注／後注への記載：[1] このような指摘の背景に、カール・シュミットのいう中性国家（Ein neutraler Staat）に対する丸山の認識がある。

5.2　引用の仕方

　学術論文やレポートなどで、既存の文献などから、原文どおり忠実に内容を引くことを「引用」といいます。自身でまとめた内容を引くことについては、「参考」といいます。引用・参考ともに、適切に行わなければ剽窃とみなされ、自身の研究成果が疑われてしまうこともあるので、十分に注意しましょう。

5.2.1　引用と参考の基本的なルール

(1) 文献の記述を原文のまま本文中に引用する場合
　　引用箇所を「　」で括ります。引用箇所が記載されている文献のページを記し、参考文献一覧にその書誌情報を掲載します。引用した文献の種類によって、若干、書誌情報の表記が異なります。次の(a)～(c)を参考にしてください。
　(a) 書籍から引用する場合
　　・本文中の記載：丸山真男は、……戦前の日本が「真善美の内容的価値を占有」（丸山 2006 年、15 頁）し、その実体たることに国家主権の基礎を置こうとしたことを指摘する。
　　・参考文献一覧への記載：丸山真男（2006）『〔新装版〕現代政治の思想と行動』、未来社。
　(b) 学術雑誌に掲載された論文を引用する場合
　　・本文中の記載：佐藤嘉幸が指摘する「自らの身体を自ら統御する反省的で統制的な自我」をつくりだした（佐藤 2003 年、

108 頁)。
- 参考文献一覧への記載：佐藤嘉幸（2003）「身体、自己、単独性 フーコーの転回をめぐって」、『現代思想』31 巻 16 号、106-119 頁。

(c) 訳書から引用する場合
- 本文中の記載：「真実の告白は、権力による個人の形成という社会的手続きの核心に登場してきたのである」（フーコー 1986 年、76 頁）。
- 参考文献一覧への記載：ミシェル・フーコー（渡辺守章訳）(1986)『性の歴史Ⅰ 知への意志』、新潮社。

(2) 文献の趣旨を本文中で紹介する場合（参考という）
頁についての記載は不要です。
- 本文中の記載：……すなわち自律した「個人」を誕生させることが、戦後日本を真に民主化させるために求められることとなった（小田中 2006 年）。
- 参考文献一覧への記載：小田中直樹（2006）『日本の個人主義』、筑摩書房。

(3) 脚注／後注を使用して引用する場合
- 本文中の記載：丸山真男は、……戦前の日本が「真善美の内容的価値を占有」[1] し、その実体たることに国家主権の基礎を置こうとしたことを指摘する。
- 脚注／後注への記載：[1] 丸山真男（2006）『〔新装版〕現代政治の思想と行動』、未来社、15 頁。

> **【コラム】剽窃は厳禁！**
>
> 　剽窃（plagiarism）とは、他人の作品や論文を自分のものとして発表することを言います。つまり剽窃は、盗用にあたります。絶対に剽窃をしてはいけません。
> 　自身の文章と他人の文章との区別を明確にするために、引用部分を「　」で括ります。引用部分が長い場合は、前後を1行あけて、引用部分全体を1～2文字分下げたりします（図5.1・図5.2参照）。また、引用した文章が掲載されている論文・学術雑誌・著書などの出典情報も、あわせて明確にしておかなければなりません。

5.2.2　学術論文を眺めてみよう

　基本的なルールをふまえたら、人文社会学系の学術論文（図5.1・図5.2）および自然科学系の学術論文（図5.3）の一部を眺めてみて、実際に学術論文でどのように引用されているのか、注はどのように記述されているのか、確認してみましょう。

丸山真男は、1946年に公表した論文「超国家主義の論理と心理」のなかで、戦前の日本が「真善美の内容的価値を占有」（丸山 2006年、15頁。以下、頁のみを記す）し、その実体たることに国家主権の基礎を置こうとしたことを指摘する。したがって主権者である天皇は「真善美」を体現する存在、すなわち「絶対的価値体」（17頁）として国家の中心に置かれ、国民はその中心からの距離によって自己を規定することとなる。当然のことながら、国家に価値を占有され、国家の占有する価値にもとづいて行動せざるを得ない国民は、「自由なる主体的意識」と「各人が行動の制約を自らの良心のうちに」持つ存在ではなく（25頁）。また、価値を「無」から創造したわけでもなく、それを皇祖皇宗といった伝統的権威に負っている天皇もまた「唯一の主体的自由の所有者」（26頁）とはなり得なかったのである。

　「主体的意識」をもち、なおかつ「各人が行動の制約を自らの良心のうちに」もつ人間、すなわち自律した「個人」を誕生させることが、戦後日本を真に民主化させるために求められることとなった（小田中 2006年）。 ← 参考

　それでは、日本とは異なって「個人」が誕生したとされるヨーロッパにおいては、いかなる理由から「個人」が覚醒したとされてきたか。

　その大きな要因として注目されてきたのが、キリスト教の普及であった。キリスト教の、とくにカトリックのなかの、ある作法を通じて「個人」がヨーロッパ社会に成立する。それは告白である。

　フランスの哲学者ミシェル・フーコー（Michel Foucault　1926-84）は、その著書『知への意志』において、次のように述べている。 ← 引用

　個人としての人間は、長いこと、他の人間たちに基準を求め、また他者との絆を顕示することで（家族、忠誠、庇護などの関係がそれだが）、自己の存在を確認してきた。ところが、彼が自分自身について語り得るあるいは語ることを余儀なくされている真実の言説によって、他人が彼を認証することとなった。真実の告白は、権力による個人の形成という社会的手続きの核心に登場してきたのである。（フーコー 1986年、76頁。以下、頁のみを記す）

　フーコーによれば、西洋社会は告白を異常なほど好む社会であるという。個人の内面を、どこまでも語らねばならない。すなわち言説化しようと努めねばならない。「すべてが言われなければならない」（28頁）のである。そのような手続きをもたらしたものがキリスト教における告白なのであった。ここに「西洋世界における人間は、告白の獣となった」（77頁）。

　魂の救済のために自らの罪を司教に告白する制度を通じて西洋社会に「個人」が誕生した。自己を語る行為こそ、ヨーロッパにおける個人と人格の形成の出発点にあった、ということである。

　また、フーコーいう規律権力は、西洋に「個人」を生むとともに、佐藤嘉幸が指摘する「自らの身体を自ら統御する反省的で制御的な自我」をつくりだした（佐藤 2003年、108頁）。

参考文献
小田中直樹（2006）『日本の個人主義』、筑摩書房。
佐藤嘉幸（2003）「身体、自己、単独性　フーコーの転回をめぐって」、『現代思想』31巻16号、106-119頁。
丸山真男（2006）『[新装版] 現代政治の思想と行動』、未来社。
ミシェル・フーコー（渡辺守章訳）（1986）『性の歴史 I 知への意志』新潮社。

← 論文の一番最後に、参考文献一覧をつける。

図 5.1　学術論文の例（参考文献一覧を付すタイプ）[1]

---

1) 渡邉 俊（2013）「救済・他界観の日欧比較試論―「個人」成立の問題をめぐって―」、永井隆之・片岡耕平・渡邉 俊編『カミと王の呪縛―日本中世の NATION 3―』岩田書院、を改変。

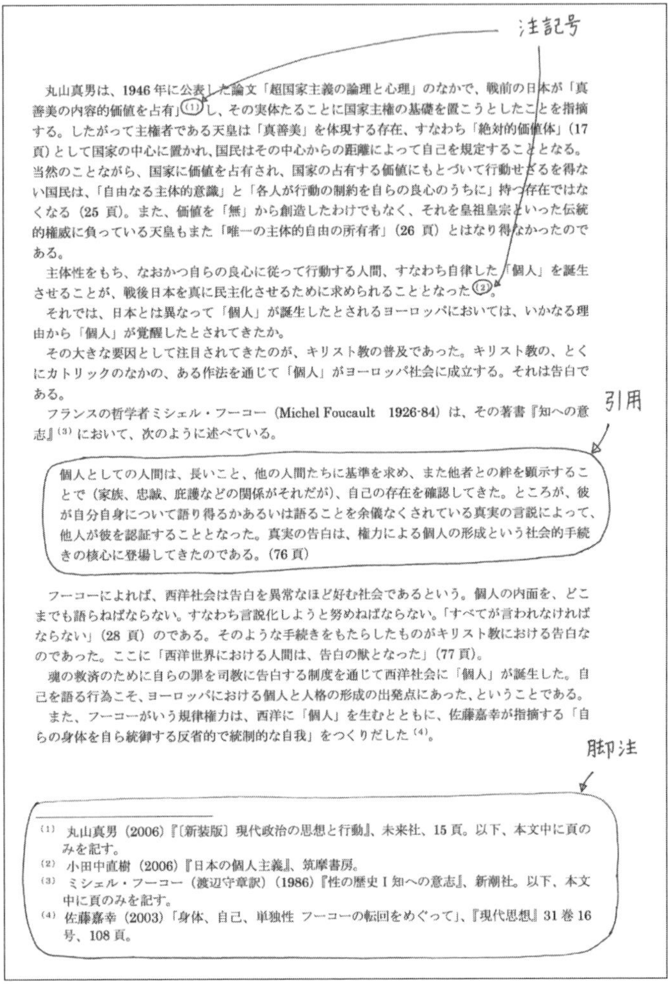

52　第Ⅰ部　自立編

> 注記号
>
> 丸山真男は、1946年に公表した論文「超国家主義の論理と心理」のなかで、戦前の日本が「真善美の内容的価値を占有(1)」し、その実体たることに国家主権の基礎を置こうとしたことを指摘する。したがって主権者である天皇は「真善美」を体現する存在、すなわち「絶対的価値体」(17頁)として国家の中心に置かれ、国民はその中心からの距離によって自己を規定することとなる。当然のことながら、国家に価値を占有され、国家の占有する価値にもとづいて行動せざるを得ない国民は、「自由なる主体的意識」と「各人が行動の制約を自らの良心のうちに」持つ存在ではなくなる(25頁)。また、価値を「無」から創造したわけでもなく、それを皇祖皇宗といった伝統的権威に負っている天皇もまた「唯一の主体的自由の所有者」(26頁)とはなり得なかったのである。
> 　主体性をもち、なおかつ自らの良心に従って行動する人間、すなわち自律した「個人」を誕生させることが、戦後日本を真に民主化させるために求められることとなった(2)。
> 　それでは、日本とは異なって「個人」が誕生したとされるヨーロッパにおいては、いかなる理由から「個人」が覚醒したとされてきたか。
> 　その大きな要因として注目されてきたのが、キリスト教の普及であった。キリスト教の、とくにカトリックのなかの、ある作法を通じて「個人」がヨーロッパ社会に成立する。それは告白である。
> 　フランスの哲学者ミシェル・フーコー(Michel Foucault 1926-84)は、その著書『知への意志』(3)において、次のように述べている。
>
> 引用
>
> > 個人としての人間は、長いこと、他の人間たちに基準を求め、また他者との絆を顕示することで(家族、忠誠、庇護などの関係がそれだが)、自己の存在を確認してきた。ところが、彼が自分自身について語り得るかあるいは語ることを余儀なくされている真実の言説によって、他人が彼を認証することとなった。真実の告白は、権力による個人の形成という社会的手続きの核心に登場してきたのである。(76頁)
>
> 　フーコーによれば、西洋社会は告白を異常なほど好む社会であるという。個人の内面を、どこまでも語らねばならない、すなわち言説化しようと努めねばならない。「すべてが言われなければならない」(28頁)のである。そのような手続きをもたらしたものがキリスト教における告白なのであった。ここに「西洋世界における人間は、告白の獣となった」(77頁)。
> 　魂の救済のために自らの罪を司教に告白する制度を通じて西洋社会に「個人」が誕生した。自己を語る行為こそ、ヨーロッパにおける個人と人格の形成の出発点にあった、ということである。
> 　また、フーコーがいう規律権力は、西洋に「個人」を生むとともに、佐藤嘉幸が指摘する「自らの身体を自ら統御する反省的で統制的な自我」をつくりだした(4)。
>
> 脚注
>
> ――――――――――
> (1) 丸山真男(2006)『[新装版]現代政治の思想と行動』、未来社、15頁。以下、本文中に頁のみを記す。
> (2) 小田中直樹(2006)『日本の個人主義』、筑摩書房。
> (3) ミシェル・フーコー(渡辺守章訳)(1986)『性の歴史Ⅰ知への意志』、新潮社。以下、本文中に頁のみを記す。
> (4) 佐藤嘉幸(2003)「身体、自己、単独性 フーコーの転回をめぐって」、『現代思想』31巻16号、108頁。

図5.2　学術論文の例(脚注を用いるタイプ)[2]

――――――――――
2) 渡邉 俊(2013)「救済・他界観の日欧比較試論―「個人」成立の問題をめぐって―」、永井隆之・片岡耕平・渡邉 俊編『カミと王の呪縛―日本中世のNATION 3―』岩田書院、を改変。

膜の安定に必要な2価金属イオンがEDTAによりキレートされ、細胞膜の構造が緩まり[15]、TO-PRO 3の透過性が増大したためと考えられた。また、グラム陽性菌の方がグラム陰性菌よりも染色されやすかったことから、外膜がTO-PRO 3の透過障壁になっていることが考えられた。

3．FCMによる生菌数と平板培養法による生菌数との比較

S. Enteritidis について、種々の割合で調製した生死菌混合液を用いてFCMによる生菌数と平板培養法の相関を調べた。SYTO 63およびTO-PRO 3で染色された菌数、これから算出されるFCMによる生菌数ならびにTSAを用いた平板培養法での生菌数をFig.3. に示す。SYTO 63で染色された菌数は、いずれの菌濃度、生菌の割合でも大きな変化がなかったが、TO-PRO 3で染色された菌数は生菌の割合が増加するにつれて減少し、その結果としてFCMによる生菌数は増加した。また、これは標準寒天培地での生菌数とよく一致した。Fig.3. の結果をまとめて対数プロットしたものが Fig.4. である。相関係数は $R^2 = 0.961$ と非常に高かった。

次に各種細菌について測定したFCMによる生菌数と平板培養法による生菌数の相関を Fig.5 に示す。S. entertidis と同じグラム陰性菌である E. coli IFO 3301 ($R^2 = 0.986$)、E. coli O157:H7 ($R^2 = 0.988$)、E. cloacae ($R^2 = 0.978$) においても、また、グラム陽性菌である L. casei ($R^2 = 0.994$)、B. cereus ($R^2 = 0.978$)、S. aureus ($R^2 = 0.974$) も同様にFCMによる生菌数と平板培養法による生菌数には良好な直線関係が認められた。これまでに、Cryptosporidium oocysts の生残率測定にSYTO 59[11]、E. coli の生残率測定にSYTO 17[12]が有効と報告されているが、本実験の結果よりSYTO 63も全菌数の測定に有効であることが示された。

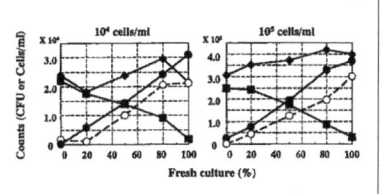

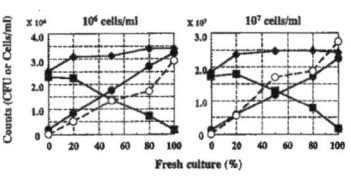

Fig.3. Relationship between viable cell counts given by FCM and the plating method for S. Enteritidis. Symbols: ◆, Total cell number (Cells stained with SYTO 63, cells/ml); ■, Dead cell number (Cells stained with TO-PTO 3, cells/ml); ●, viable cell number by FCM [= (Total cell number) − (Dead cell number), cells/ml]; ○, viable counts by the plating method on standard method agar (CFU/ml).

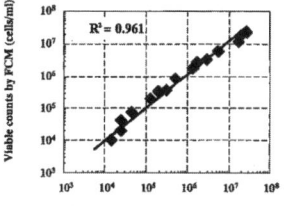

Fig.4. Relationship between viable counts of S. Enteritidis measured by FCM and by the plating method. The Cell suspensions of S. Enteritidis containing viable cells at various ratios in TBE were stained with SYTO 63 and TO-PRO 3. Total viable counts were measured by FCM and by the plating method with standard method agar.

E. cloacae および B. cereus においては、FCMによる生菌数が平板培養法による生菌数よりも若

図5.3　自然科学系学術論文の例

---

3) 小林弘司、宮本敬久、本城賢一、飯尾雅嘉「フローサイトメーターによる生菌数の簡易・迅速検査法の開発」『防菌防黴』31、357-363、2003 より抜粋。

5.3 参考文献一覧

　学術論文やレポートでは、出典を必ず明記しなければいけません。主な理由は、次の通りです。

・論文・レポートでふれている理由や根拠について読者が検証できるようにするため。
・知的所有権・著作権の保護のため。

　日本語文献に関する書誌情報の表記の一例とその注意点について下記にまとめておきます[4]。

1. 単行本の場合

> 著者名　（刊行年）『書名』出版社名。

例：金子芳樹（2001）『マレーシアの政治とエスニシティ―華人政治と国民統合―』、晃洋書房。

2. 学術雑誌論文の場合

> 著者名　（刊行年）「論文名」『雑誌名』　巻号数　掲載全ページ数。

---

[4] 松本茂・河野哲也（2007）『大学生のための「読む・書く・プレゼン・ディベート」の方法』、玉川大学出版部、を参照。

例：北岡伸一（2008）「分岐点の日本―積極的な平和主義とグローバルな外交」、『外交フォーラム』2008年11月号、8-15頁。
3. 執筆者が複数いる刊行物に掲載された論文の場合

> 著者名　（刊行年）「論文名」　編者名『書名』　出版社名。

例：藤原帰一（1994）「工業化と政治変動」、坂本義和編『世界政治の構造変動3 発展』岩波書店。
4. 訳書の場合

> 著者名（訳者名）（刊行年）『書名』　出版社名

例：ハイエク（矢島釣次・水吉俊彦訳）（1983）『ハイエク全集8 法と立法と自由：ルールと秩序』、春秋社。
5. インターネット上の資料の場合

> 著者名・作成者名　作成日　「論文・記事名」　アドレス　閲覧日

例：外務省　2011年11月3日「日英首脳会談（概要）」http://www.mofa.go.jp/mofaj/kaidan/s_noda/g20_1111/1111_uk.html、2012年1月6日ダウンロード。

なお、参考文献一覧の例は、図5.1を参考にしてください。

5.4 図表の使い方

　自然科学系の研究では自分で行った実験結果、社会科学系の研究ではアンケート結果やデータベースから取得してきたデータを元にレポートや論文を作成することになります。図や表は、自分の主張の根拠を一目で伝える役割があるので、効果的に使うことによって、レポートや論文を専門以外の人にも分かりやすく伝えることができます。本節では、図と表の正しい使い方を解説します。

5.4.1　表を作成するときの注意点

　表は、正確な数値を示したいときや、数値が多いとき、さらに異なる種類の情報を一つにまとめたいとき用います。図5.4に表のルールを図示しています。まず、**表のタイトルは、表の上**に書きます。表の一番上の行と一番左の列にはタイトル（項目）をいれ、それ以外のセルには主に数値をいれます。また、別途説明が必要な項目があれば、表の一番下に説明文を加えます。表を作成する時に、一番気をつけるべきことは、**罫線を引きすぎない**ということです。表の一番上と一番下、さらにタイトル（項目）と数値を区切る位置にするのが一般的です。また、縦の罫線を引くことはやめましょう。特に、英語で論文を執筆する場合には、*Publication manual of the American Psychological Association*（APAマニュアル）により、縦の罫線は使わないよう体裁が決められています。

第 5 章　書く　57

必ず表の上に,タイトルだけを示すこと.

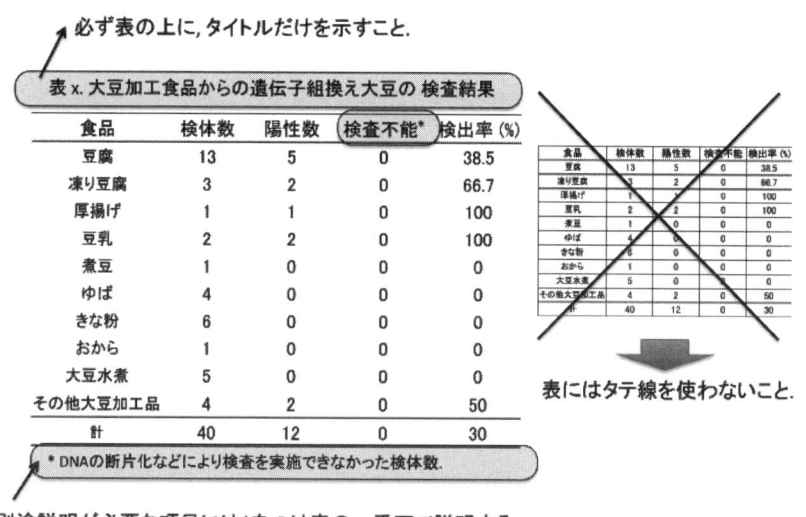

表 x. 大豆加工食品からの遺伝子組換え大豆の 検査結果

食品	検体数	陽性数	検査不能*	検出率 (%)
豆腐	13	5	0	38.5
凍り豆腐	3	2	0	66.7
厚揚げ	1	1	0	100
豆乳	2	2	0	100
煮豆	1	0	0	0
ゆば	4	0	0	0
きな粉	6	0	0	0
おから	1	0	0	0
大豆水煮	5	0	0	0
その他大豆加工品	4	2	0	50
計	40	12	0	30

* DNAの断片化などにより検査を実施できなかった検体数.

表にはタテ線を使わないこと.

別途説明が必要な項目には*をつけ表の一番下で説明する.

図 5.4　表作成のルール

5.4.2　図を作成するときの注意点

　表よりも図の方が直観的に理解しやすいため、自分が発信したい情報を図と表のどちらでも示せるような場合は、図にした方がよいでしょう。もちろん、図にもさまざまなルールがあります。図 5.5 に世界の遺伝子組換作物の作付け面積を例に、図の作法を説明しています。学術論文やレポートでは、**図のタイトルは必ずグラフやイラストの下に書きます**[5]。その際、最初の一文は図のタイトル文を書いて、それ以降にグラフの凡例の説明やその他の説明文を書きます。また、グラフの場合、縦軸ラベルと横軸ラベルは必須です。図や本文中の説明からそれぞれが何

---

[5] ただし、プレゼンテーションのスライドなどでは、タイトルを図の上に示すこともあります。

を示すか明らかであっても、ラベルをつけないレポートや論文は許されません。

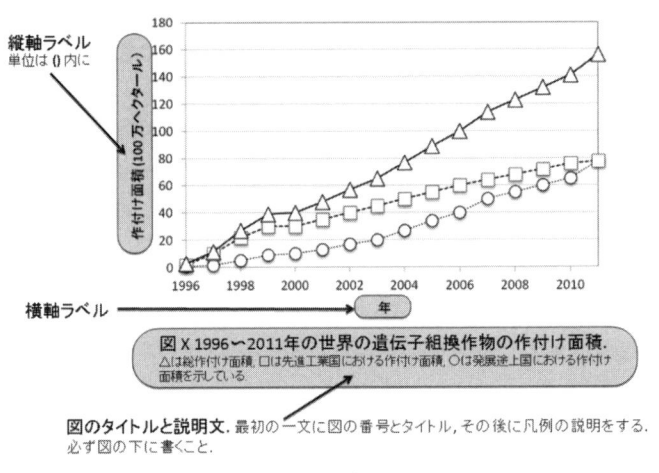

図 5.5　図作成のルール

5.4.3　図表番号のつけかた

　表や図の説明文は、図 5.4 および図 5.5 に示しているとおり、「表 x」、「図 X」のように、必ず表や図の番号から始めます。また、表や図の番号は、必ず本文に出現する順番につける必要があります。その他、細かなルールもありますので、注意して下さい[6]。

[6) 詳しくは次の文献を参照して下さい。見延庄士郎（2008）『理系のためのレポート・論文完全ナビ』、講談社サイエンティフィック出版。

5.5 わかりやすい日本語を書く

┌─ **本節のポイント** ─────────────────┐
・主語を明確にする
・主語と述語、修飾と被修飾との対応関係を明確にする
・句読点を適切に打つ
・長い一文を短文にする工夫をする
・1段落には1メッセージが目安
└─────────────────────────┘

　素晴らしい問い、根拠、結論を用意することができたとしても、それを読み手に伝えるための文章が適切でなければ、誤解をまねきます。自身の主張を読み手に伝えるためには、正確でわかりやすい文章を書かなければなりません。

　正確でわかりやすい文章を書くためには、どのような点に気をつければよいのでしょうか？　誤解が生じやすい文章例を参考にしながら、正確でわかりやすい文章を書くためのポイントについて解説していきます[7]。

---

[7] 解説にあたり次の文献を参照しました。本多勝一（1982）『日本語の作文技術』、朝日新聞社。石井一成（2011）『ゼロからわかる大学生のためのレポート・論文の書き方』、ナツメ社。吉原恵子・間渕泰尚・冨江英俊・小針誠（2011）『スタディスキルズ・トレーニング大学で学ぶための25のスキル』、実教出版。

① **主語が明確ではない文章**
　例文　心理学者が入院患者に聴き取り調査を行った際、その調査内容に重大な誤りがあることに気付いた。
　問題点　「気付いた」のは誰でしょう？　心理学者でしょうか、それとも入院患者でしょうか？

② **主語と述語とが対応していない文章**
　例文　ここで重要な点は、急速に進むグローバル化を見据え福岡女子大学が改革を行った。
　問題点　「重要な点は」に対応する述語は、ありますか？

③ **修飾と被修飾との関係が明確ではない文章**
　例文　戦前期日本の国家財政について詳細に検討した佐藤氏が引用する伊藤論文によって、軍部と国家財政との関係がさらに明らかになった。
　問題点　「戦前期日本の国家財政について詳細に検討した」のは佐藤氏でしょうか、それとも伊藤論文でしょうか？

①～③は、とくに誤解が生じやすいパターンですので、十分に気を付けなければいけません。そのほかにも、レポートや論文を書くうえで気を付けなければならない点があります。

④ **句読点が適切に打たれていない文章**
　例文1　新聞の社説が超党派で構成されたメンバーが提案する政策について同メンバーがあらたに表明した見解に強く反対した。
　例文2　背の高い、考古学者が、彼よりも、もっと大きな、遺物を

　　　　調査していた
　　問題点　句読点が適切に打たれていると言えますか？　例文2の文章に「終わり」はありますか？
⑤　**一文が長い文章**
　　例文　文部科学省が公表するデータによると、18歳人口が減少するにもかかわらず、大学が増え続けてきたが、大学の設置に対しても規制緩和が行われたため、ある時期をさかいに、急激な設置数の伸びを示したのである。
　　問題点　明快な文章と言えますか？

それでは①〜⑤をふまえ、わかりやすい日本語を書くためのポイントを以下に整理しておきましょう。

(1) **主語を明確にする**
　　日本語では、主語が無くても文章が成立し得ます。しかし、主語の無い文章は、誤解をまねくことがしばしばです。とくに、自分の主張を読み手に正確に伝えなければいけないレポートや論文では、誤解をまねく曖昧な文章は禁物です。主語が自明である場合を除き、主語をきちんと書くように心がけましょう。

(2) **主語と述語を対応させる**
　　主語が明確な文章であっても、それに対応する述語が適切なかたちになっていなければ、文章は成立しません。とくに述語は、文章の構造に決定的な影響をあたえます。主語の無い文章は成立し得ますが、述語の無い文章は成立しないからです。述語に注意しましょう。

(3) **修飾・被修飾関係を明確にする**

曖昧な文章や誤解をまねく文章にみられる原因の多くは、修飾・被修飾関係の不明瞭さにあるといっても過言ではありません。修飾する節を入れ替えたり、読点を補足したり、文を2つにわけたりするなどして、修飾・被修飾関係を明確なかたちにしましょう。そのためには、自身の書いた文章を何度も読み直し、読み手に誤解や混乱をあたえる表現があるかどうか、綿密にチェックする必要があります。

(4) **句読点は適切に**

句点は、文章の終わりを明示するために必要です。読点は、語句や節の強調、修飾・被修飾関係を明確にするなどの重要なはたらきをします。多すぎても少なすぎてもいけません。句読点を適切に打つように心がけましょう[8]。

(5) **長い一文は短文に**

一文が長い文章は、冗長になりがちです。文章を区切り、一文を短くする工夫をしましょう。

(6) **1段落には1メッセージを**

段落は「思想表現の単位」と言われるくらい（→35頁）、文章のなかで重要なはたらきをします。段落をほとんど設けていない文章は、重要な点がつかみづらく、段落を設け過ぎている文章は、文を羅列している印象を読み手にあたえてしまいます。1段落1メッセージを目安に、文章を書くようにしましょう。

---

8) ただし、箇条書きの場合は、句点をつけないこともあります。

【コラム】 あいまい「が」を避けるべし

よく目にする文章に、「〜であるが、○○については、△△であるが…」といったような「が」でつながれたものがあります。たとえば、次のような文章です。

> 1945年に日本は終戦をむかえたが、1951年にサンフランシスコ平和条約が調印され、日本は独立国としての主権を回復することとなったが、ソ連・中国をふくんだ交戦国と全面講和を主張する意見があったが、西側諸国のみとの講和にとどまった。

「が」を多用した文章は、冗長かつ曖昧になりがちで、説得力が低下します。文章のなかで、とくに意味をなさない「が」が含まれているからです。意味のない、あいまい「が」を多用することは避けましょう。「が」が逆説を意味する場合は、「が」を「しかし」に置き換えて文章を区切り、一文を短くする工夫をしましょう。あなたの文章のなかに、あいまい「が」はありませんか？

レポートチェック項目

レポート提出前に、以下の項目をチェックしましょう。

(1) **基本中の基本**…… これを忘れると、話になりません
　　名前、学籍番号、科目名、提出年月日は書いてあるか？

(2) **レポートの構成**…… 主張を明瞭に
　　1つの問題意識、1つの問い、1つの結論になっているか？
　　議論の展開は明瞭か？ …… 序論／本論／結論

(3) **文章**…推敲を重ねてください
　　文章は、読みやすいか？ …… 述語、修飾語、句読点をチェックする。
　　前の文章と後ろの文章とのつながりは適切か？ …… 接続語に気をつける。

(4) **段落**…ここにこだわると、格段に読みやすくなります。
　　段落のメッセージは明瞭か？ …… 1段落には1メッセージ
　　段落の一番はじめは、1字下げているか？
　　前の段落と後ろの段落とのつながりは適切か？ …… 接続語に気をつける。

(5) **引用**…書き手の倫理が問われます
　　引用は適切にしてあるか？ …… うっかり剽窃をしないように！！！しっかり剽窃もだめ！！！

(6) **証拠やデータ**…レポートの肝です
　　抽象的な議論になっていないか？ …… 証拠やデータのない文章には、説得力がない。
　　証拠やデータの引用元は示されているか？ …… 信頼性の高い

データで裏付けられていないと、信頼されるレポートにはならない。証拠やデータとして示されているものが、レポートの論旨にとって本当に意味があるか？

(7) **図表…定められたルールを守りましょう**
タイトルは記されているか？　……　表は上に、図は下に。
ラベルは記されているか？　……　グラフの場合は必須です。
罫線を引きすぎてはいないか？　……　タテの罫線を表に使用してはいけません。

(8) **文献情報…既存の知識を適切に使いましょう**
書籍の場合……　著者（編者）、著書名、出版社、出版年が明記されているか？　特定の箇所から引用した場合は、頁数も明記されているか？
インターネットの場合……　作成者、ファイル名、情報がアップロードされた年月日、URL、ダウンロード年月日は明記されているか？

第6章
伝える

本章のポイント
- シンプル・メリハリ・ストーリー
- 主役はスライドではなく、発表者

　リサーチを行い、自分なりの結論を得ることができても、発信しなければ意味がありません。聴衆の前で発表することで、新しい知識の創出に貢献しましょう。また、発表を行い、聴衆と議論することによって、研究の内容がよりよいものになっていくでしょう。本章では、伝えるための1つの手段であるプレゼンテーションについて、ポイントと注意すべき点について説明します。これらの内容を踏まえて、自分なりのプレゼンテーションのスタイルを確立していってください。とにかく場数を踏むということも、よいプレゼンテーションを行う上で重要な点です。

　限られた時間の中で、伝えたいことを確実に伝えるためには、シンプルさが必要です。プレゼンテーションを準備する作業は、余計な内容をそぎ落としていく作業でもあります。聴衆の興味を引くためにはメリハリとストーリーが必要です。単調でメリハリのない発表は、聴衆を退屈させます。ストーリーのある発表は、聴衆の記憶に残るものとなる

でしょう。それらに加え、発表者の熱意を聴衆に伝えなければなりません。原稿を読むだけの発表や、スライドの方ばかりを向いて話したりする発表を見かけますが、これでは、発表者と聴衆の一体感は得られませんし、発表者の熱意も伝わりません。

プレゼンテーション

6.1 発表準備から発表まで

研究発表をするためには、いくつかの手順を踏みます。

- プレゼンテーションの構成を考える。
- スライドなどの視聴覚資料やハンドアウト（配布資料）を作成する。
- リハーサルをする。

・気持ちを整え、自信を持ってプレゼンテーションをする。

　プレゼンテーションの構成を**考える際は、パソコンを利用しないこと**をお勧めします。ノートと鉛筆を使って、イメージを描きながらしっかり考えましょう。スライドは必要最低限の内容になりますから、もう少し付け加えたいことなどがあれば、ハンドアウトを準備しておくとよいでしょう。ハンドアウトとは、発表要旨や発表内容の補足をまとめた配布物で、レジュメともいいます。

　スライドが準備できたら、必ず時間を計ってリハーサルをしましょう。与えられた時間より、短い時間で終わるのが理想的です。実際に発表する際は、もう少し余分に時間がかかると考えておいた方がよいでしょう。あとは、自信を持って発表するだけです。プレゼンテーションはあなたが主役です！

発表時のポイント

・発表時間を守る
・大きな声で話す
・ゆっくり話す
・聴衆に向かって話す（身振りを交えて）

6.2 スライドを作成する際の注意点

　研究発表は発表者が主役ですが、スライドを効果的に使うことで、発表者の持っているイメージを聴衆に伝えやすくなります。スライドを作成する際は、以下の点に注意しましょう。

・文字の大きさ・分量
・適切な図表の利用

　広い発表会場で研究発表を行う場合、後方にいる聴衆からはスライドの文字が見えづらいということも考えられます。そのようなことがないように、スライドのフォントサイズは大きく設定しておきましょう。また、スライドに掲載する内容は厳選し、スライドに文章を記述するのは避けましょう。どうしても文章などを共有したい場合は、ハンドアウトに掲載しておくとよいでしょう。スライドでは図表（写真を含む）を効果的に利用することで、発表への関心をより強く持ってもらうことが期待できます。
　図 6.1 は、文字の多いスライドの例です。プレゼンテーションになれていない発表者は、このようにすることでスライドを原稿代わりにできますから、楽ができるというわけです。しかし、聴衆にとっては文字が見づらいだけでなく、退屈な発表で、内容が頭に入ってきません。図 6.2 は要点のみを記したスライドの例です。この大きさですと、広い会場の後ろの位置からでもスライドの文字を認識することができます。発表者は、このスライドを背景にして、聴衆に語りかけるように話せば効果的でしょう。

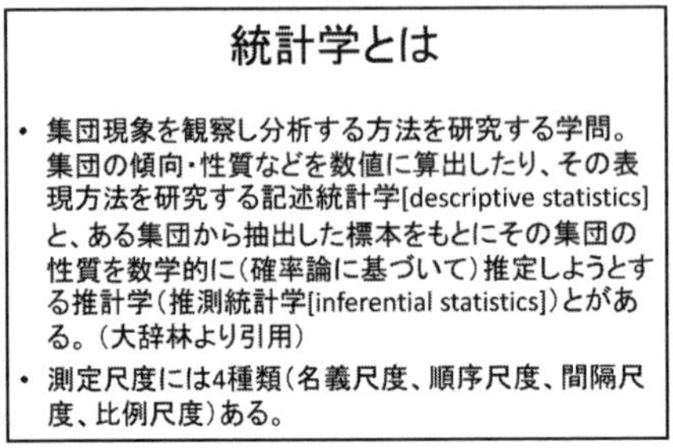

図 6.1　文字が多く見づらいスライドの例 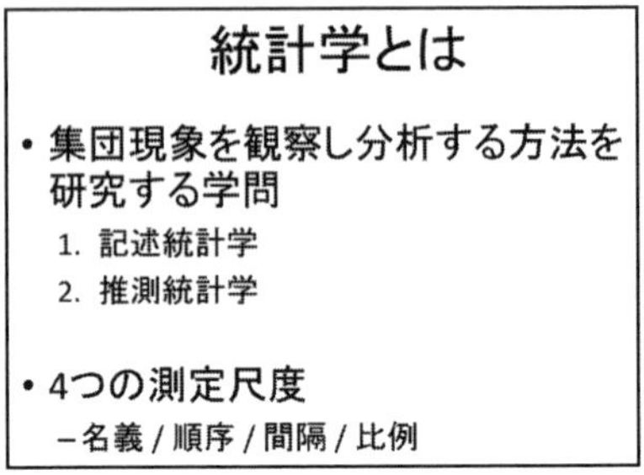　　図 6.2　要点のみを記したスライドの例

　図 6.3 は、報告内容に関連したイメージ画像をスライドに並べた例ですが、無造作に複数の画像が並んでいるだけでなく、元の画像の縦横比（アスペクト比）が保持されていないために、見苦しいものになっています。特に、グラフをスライドに掲載する場合にアスペクト比を変えるのは避けましょう。思い切って、図 6.4 のように、スライドの全面に背景として画像を配置してみるのもよいかもしれません。

図 6.3　無造作に配置された複数の画像 　　図 6.4　スライドの背景にした例

6.3 よいプレゼンテーションとは

よいプレゼンテーションとは、どのようなプレゼンテーションでしょうか。一般的な注意事項は、以上で説明したとおりですが、よいプレゼンテーションができるようになるには、ある程度の経験も必要です。経験のなさを補うために、よいプレゼンテーションを見て、よいプレゼンテーションについて自分で考えてみるとよいでしょう。例えば、TED Conference[1] の模様を配信している TED Talks[2] では、さまざまな分野の人物によるプレゼンテーションの動画を見ることができます。

演習 6.1 TED Talks の動画をいくつか視聴して、グループ内でよいプレゼンテーションについて話し合ってみましょう。

---

[1] TED（Technology Entertainment Design）が主催する講演会。
[2] http://www.ted.com/

6.4 質問・コメントの重要性

本節のポイント
- 学術研究は一人ではできない
- 他の人からどんどん質問やコメントを受け、研究の改善に生かそう

　学術研究の成果は、口頭発表や論文として発信されますが、それで終わりではありません。口頭発表では、通常、質疑応答の時間が設けられ、聴衆から質問やコメントを得ることができます。論文の場合にも、他の人によって参照されたり、批判されたりします。

　質問やコメントは、次のような意味を持ちます。

- 聴衆に自分の発表の内容が正確に伝わったか確認し、補足説明などをする機会
- 自分の研究の誤りや欠点などを指摘してもらい、よりよいものに発展させる機会
- 他の人との意見交換を通じて、一人では思いつかなかったような結論に到達する機会

■**発表者に対して質問やコメントをする際のポイント**　さまざまな知見を共有してくれた発表者に対しては、質問・コメントを通じて、発表者による自助努力のサポートをしましょう。次の各点が、質問・コメントをする際のポイントです。

- 発表者に対して敬意を持ち、発表内容を正確に把握するようつとめる。そのためにも、不明な点は、発表者に質問する。
- ひとたび内容が理解できたら、①事実認識が適切か、②「問い」が明瞭か、③「問い」と「答え」が対応しているか、④データは「答え」の根拠となっているか、⑤集められたデータやその解釈に誤りはないか、などの点を中心に、批判的に内容を吟味し、発表者にフィードバックする。
- 質問・コメントの意義を意識する。発表者へのコメントや質問は、発表内容や研究、発表方法をよりよいものとするためのものであって、発表者を攻撃したり、自分の知識をひけらかしたりするためのものではない。

■**質問やコメントをもらったら**　聴衆から質問やコメントをもらった発表者は、自分の発表を熱心に聞き、理解しようと努め、改善に向けて提案してくれた質問者に対して、感謝しましょう。そのうえで、次の各点を意識して、質問者に応答してください。

- 厳しい質問やコメントにもひるまない。むしろ、自分の研究をよりよりものにするためのチャンスと捉え、吸収できるものは、どんどん吸収していくという姿勢を持つ。
- 聴衆の質問やコメントが、的外れな場合もある。自分の発表内容と質問の関連性を見極め、いたずらに混乱しないよう努める。
- 答えが分からない場合は、知ったかぶりは禁物。「推測ですが」と断ったうえで自分の考えや見通しなどを述べることは、議論の活性化や研究の発展に有効。

第Ⅱ部
鍛錬編

第7章
みんなで考える・学び合う

本章のポイント

・他者と協同することで、自分の視野を広げ、考え方を深めよう
・論理的で多角的な思考力を身につけよう
・説得力のある表現方法を身につけよう

　皆さんは、「学び合い」という言葉を聞いたことがありますか？ 実は、今、教育現場で最も注目されている言葉の一つです。

　現在では、インターネットにアクセスすれば、そこには膨大な知識と未知の世界が広がっています。キーワードを入力すれば、知りたい情報がすぐに手に入ります。しかし、グローバル化し、複雑化した現実の世の中では、問題の解答があらかじめ用意されているわけではありません。大学では豊富な知識をもとに、自ら問題を発見し、解決する力を養うことが重要です（→ 第1章参照）。

　そして、そのような力は協同で学ぶことで、よりいっそう鍛えることができるのです。他者と協同し、一人では達成できないさまざまな見方や考え方と出会い、自分の視野を広げ、考え方を深めていきましょう。そこで本章では、ワークショップとディベートについて紹介します。

7.1 ワークショップ

7.1.1 ワークショップとは？

　ワークショップという言葉を聞いたことはありますか？　これに関連して、アイスブレイク、ブレイン・ストーミング、ファシリテーターといった言葉を耳にしたことはないでしょうか？　大学の教育現場で注目され始めているワークショップとは、いったいどのようなものでしょう？

　ワークショップは、参加者全員の見方や考え方を尊重して、その中から課題解決の知恵を引き出す技法です。ワークショップは国や文化や考え方の違いを超えて、参加者の多様な知識や意見を引き出し、共通課題をみんなで解決するためのコミュニケーションの場なのです。

　ワークショップとは、もともと「仕事場」「工房」「作業場」という意味で、共同で何かを作る場所のことを指していました[1]。しかし最近は問題解決やトレーニングの手法、学びと創造の手法としてこの言葉が使われることが多く、あらゆる分野でワークショップ型の学び合いが行われるようになってきました。近年では企業研修や、住民参加型の町づくりにおける合意形成の手法としてもよく用いられています。ここでは大学の「学び合いの場」で活用できる情報に限定して紹介します。

　ワークショップ型の学び合いは、知や技術の一方的な伝達でなく、参加者が自ら参加・体験し、グループの相互作用の中で何かを学び取った

---

1) 堀公俊（2008）『ワークショップ入門』、日本経済新聞出版社、32頁。

り創り出したりする、双方向的な学びと創造のスタイルとして定義されています[2]。ワークショップは、コミュニケーション能力の向上にも有効です（図7.1）。

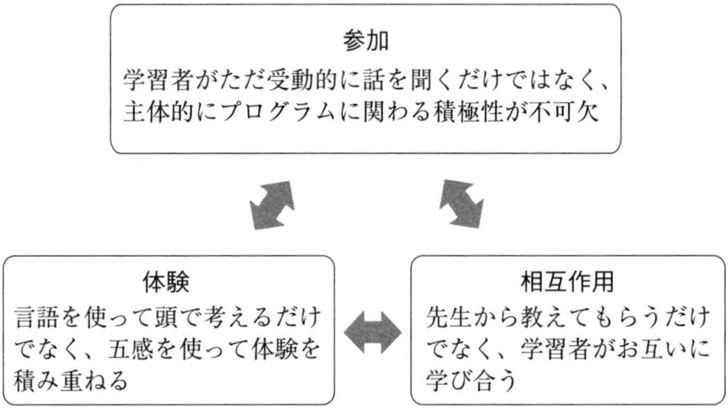

```
            参加
学習者がただ受動的に話を聞くだけではなく、
主体的にプログラムに関わる積極性が不可欠

    体験                      相互作用
言語を使って頭で考えるだけ    先生から教えてもらうだけ
でなく、五感を使って体験を    でなく、学習者がお互いに
積み重ねる                    学び合う
```

図7.1　ワークショップの特徴

7.1.2　ワークショップの運営

　ワークショップは、参加者全員が体験するものとして運営されます。ここでは1つのクラスがいくつかのグループに分かれて活動するパターンを想定し、説明します。ファシリテーター（進行促進役）は、参加者全員が自発的にプログラムに参加できる環境を整えます。まず、ファシリテーターが、そのワークショップの目的などについて、参加者全員にミニレクチャーを行います。次に、参加者全員が話し合いやすい雰囲気作り（アイスブレイク）をした上で、グループに分かれ、決められた時

---

[2] 中野民夫（2003）『ファシリテーション革命—参加型の場づくりの技法』、岩波書店、40頁。

間内でブレイン・ストーミングしながら、アイディアをまとめます（メイン・プログラム）。最後に、参加者全員で感想を話し合い、成果を共有します（シェアリング）（図 7.2）。

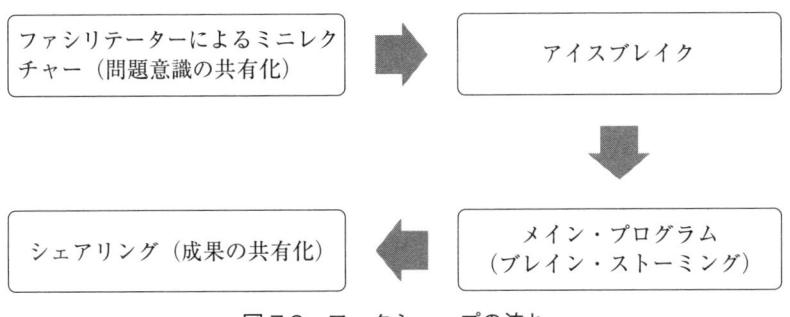

```
[ファシリテーターによるミニレクチャー（問題意識の共有化）] → [アイスブレイク]
                                                           ↓
[シェアリング（成果の共有化）] ← [メイン・プログラム（ブレイン・ストーミング）]
```

図 7.2　ワークショップの流れ

■**ファシリテーターの役割**　ファシリテーターは、ワークショップ全体が円滑に進行するように、支援・補助します。ファシリテーターが行う行為をファシリテーションとも言います。ファシリテーターの具体的な役割としては、

- アイスブレイクの進行
- 課題の提示・ミニレクチャー
- グループ分け
- 全体の時間設定・管理
- グループワークの状況把握
- グループワークの促進
- シェアリングの司会進行

・ワークショップの総括

などがあります。ここで、グループワークの促進とは、たとえば、沈黙してしまっているグループに対して質問を投げかけたり、発言しない人に話すきっかけを与えたりするようなことを指します。さらに、話がそれているグループに対して、議論が本筋に戻るように働きかけます。
　ファシリテーターは、以下のことを心掛けましょう。

・スムーズな進行を支援・促進
・全体の流れをチェック
・話し合いの論点のまとめ、確認
・出しゃばらず、適度に介入
・参加者の意見をよく聞き、引き出す
・振り返りの時間の確保
・話しやすいムードづくり

■**グループワークの役割分担**　グループでディスカッションをする際は、必要に応じて「司会進行係」「時間係」「記録係」などを決め、スムーズに進行できるように協力します。

司会進行係　グループ作業において与えられた時間内に成果を達成するために、グループ構成員の能力を最大限に引き出すことが、重要な役割です。
記録係　グループワークの内容をメモします。それにより、グループ

ワークの内容を確認しながら進めることができます。

発表係　グループワークの成果を全体会で発表します。

発表資料作成係　発表の要旨を準備、パワーポイントなどの発表資料を作成します。

時間係　時間の管理をします。当初に割り振った時間を思い出させて、守ってもらいます。

グループの人数が少ない場合は1人が複数の役をつとめます。

7.1.3　アイスブレイク

アイスブレイクとは、氷（ice）を砕く（break）という意味があり、ブレイン・ストーミングと最後のシェアリングがスムーズに行われるように、氷のように固まった参加者間の緊張をほぐすためにあらかじめ行う活動のことです。これにより、コミュニケーションのきっかけができ、ワークショップが円滑に進みます。その後のブレイン・ストーミングとシェアリングの質を左右する重要な活動です。

アイスブレイクのためのアクティビティには、言葉をかけ合ったり、握手をしたり、体を動かしたりするなど、さまざまなものがあります。それぞれの目的や場にあったアイスブレイクの手法を選んで実践しましょう。

以下に、アイスブレイクの具体例を2つ示します[3]。

---

[3] アイスブレイクのための、アクティビティにはさまざまなものがあります。ここで例示した具体例は、ごく一部です。関連の書籍には、さまざまなアクティビティが紹介されています。それらを参考にしましょう。今村光章（2009）『アイスブレイク入門』、解放出版社。

> ### 具体例1「早起きレッスン」
>
> 所要時間：15分程度
>
> 「会話をしない」という条件で、「今朝起きた時刻を思い出し、早起き順」に並んでもらいます。並び終えたら順番に今朝起きた時刻を発表してもらいます。言葉以外のコミュニケーションの技法を引き出したり、自ら発することの大切さに気付くことができたりします。早起き順の他、誕生日の順、通学所要時間の短い順などでも可能です。

> ### 具体例2「ユニークな自己紹介レッスン」
>
> 所要時間：15分程度
> 準備：B5判の紙と回収箱
>
> 紙に隣の人の「好きな果物」を1つ、「嫌いな果物」1つと氏名を書いて2つ折にして回収します。回収した紙を投票箱に入れ、ファシリテーターは箱をよく混ぜます。次に箱の中から1枚ずつ紙を取り出し、氏名を告げないで「好きな果物」と「嫌いな果物」を読み上げます。読み上げられた紙の本人は立って会釈し、自己紹介をし、好きな理由と嫌いな理由を説明します。ファシリテーターは次々に紙のメモを読み上げ、全員が同じ要領で自己紹介します。

演習 7.1 具体例1を実践してみてください。

演習 7.2 クラスの皆でアイスブレイクのための、オリジナルなアクティビティを考えて実践してみてください。

7.1.4　ブレイン・ストーミング

　ブレイン・ストーミングとは、少人数のグループで、全員が自由に意見や考え方を出し合うことで、案をまとめたり、新しい発想を生み出したりする手法のことです。脳（brain）に嵐（storm）を起こすように、思いついたことを次々に出すというイメージで、ブレイン・ストーミング（Brainstorming）と呼んでいます（以下、ブレスト）。参加者が持っている印象や知識、アイディアを短時間にできるだけ多く引き出す活動で、独創的で多様なアイディアを発見することができるとされています。人数は5～8名程度が好ましいです。議題はあらかじめ周知しておきます。

■**ブレストの準備**　ブレストは、少人数のグループで行い、時間は必要に応じて決めます。一番シンプルなものなら、意見を出し合って共有するだけで終わり、本格的に模造紙を使って行う場合は、60～90分程度です。ブレストの過程では、次の4原則を守ることが重要です。

> ### ブレストの4原則
> **判断延期＝性急に判断・結論を出しません**　最初は、判断・結論は出さないで次の段階にゆずります。むしろ、さまざまなアイディアが生まれる可能性を広げるような意見や質問を、前向きに出し合いましょう。
> **自由奔放で荒削りな考えも歓迎します**　誰もが思いつきそうなアイディアよりも、奇抜な考え方やユニークで斬新なアイディアを重視しましょう。
> **質より量＝まずは量を重視します**　いろいろな人のさまざまな角度からの、多くの考え方を出し合います。考え方をどんどん出せば質の良いものも出てくるはずです。
> **組み合わせて改良します＝さまざまな考え方を結合し発展させます**　別々のアイディアをくっつけたり一部を変化させたりすることで、新たなアイディアを生み出して行きましょう。

■**ブレストの進め方**　最初はまとめようとせずに、全員が自由にアイディアを出し合い、それらを模造紙、黒板／ホワイトボード等に書き出していきます。その際、司会進行係が順に当てていって、一巡したら追加を自由に出し合うのが普通です。最終的にまとめようとする段階では、ブレストの4原則を活かして話し合いを進め、グループの案をまとめます。

ブレストのステップ

- テーマは細かく具体的なものにします。
- 話し合いにふさわしい位置に机等を並べます。
- 模造紙、黒板／ホワイトボード、電子黒板等を用意します。
- 司会進行係が進行し、記録係がすべての発言を記録します。
- メンバーは5〜8名程度で編成し、なるべく異なった関心のある人で構成します。
- 自由に発言し、他のメンバーの意見を決して否定しません。
- 記録係は発言を記録する際、キーワードを生かして要約します。
- 時間は多くても90分以内。それ以上長くなる場合は休憩をはさみます。

ブレイン・ストーミング

■**全体での共有・確認**　それぞれのグループでまとめられた提案を発表し、お互いの提案について参加者全員で確認します。その上で、類似した提案の集約を行い、すべての提案の中から、今後重点をおくべき取り組みとして、どの提案がより重要かを見定めます。最後にその結果を参加者全員で確認します。

演習7.3　世界または日本が直面している深刻な問題（たとえば①日本の少子高齢化、②人間の経済活動による環境汚染）をクラス全員で一つ見つけだし、その問題をめぐって理解と思考を深めるために、2つのグループに分かれて、以下の手順でワークショップを行ってください。その際にブレストの4原則を忘れないでください。

【所要時間】60分程度
【準備】付せん紙、模造紙
【手順】

1. グループごとに、参加者の互選で役割分担します。
2. 参加者はアイディア等を付せん紙に記入して、用意してある模造紙にそれぞれ発表しながら貼っていきます。
3. 貼り出された付せん紙は、全員で話し合いながら、考え方が近いものをそれぞれ集めて、ひとまとめにします。話し合いをする中で、新たに意見等が生じた場合には、付せん紙に記入して、上と同様の作業を行ってください。
4. ひとまとめにした付せん紙に、参加者全員で共通のタイトルを決めて、模造紙に記入します。その模造紙を、ホワイトボードに張り出し、それぞれのグループの結果発表を行います。

【コラム】スリランカでのワークショップの事例

　多民族国家のスリランカでは、1983年7月から2009年5月までスリランカ政府軍とタミル・イーラム解放の虎（LTTE）との間で武力紛争が続いていました。この紛争にシンハラ系、タミル系の数多くの一般市民が巻き込まれ、次第に民族間の敵対関係が強まりました。そこで、国際社会の支援を受け、両民族間の信頼を取り戻すために、さまざまな試みがなされました。

　その和解プロセスの一環として、「スリランカの平和を考えるワークショップ」が開催されました。このワークショップには、シンハラ系の大学生とタミル系の大学生が参加していました。ファシリテーターであるAさんは、あえてワークショップの基本ルールを説明しないまま、通常の自己紹介後ただちにブレイン・ストーミングを始めました。その課題は、「両民族間の信頼回復のために何ができるか？」です。

　第二次世界大戦直後までイギリス植民地だったスリランカでは、自分がどれだけ発言したかが結果を左右するという考え方を持つ人が少なくありません。そのため、大学の授業でも議論の場でも、発言機会の奪い合いになります。このワークショップでも、両民族間の和解について話し合うはずなのに、発言機会の奪い合いが始まりました。

　そこでAさんは、ワークショップという学び合いの場で、発言機会を奪い合うのはおかしいのではないかと、疑問を投げかけてから、おもむろにワークショップの基本ルールを参加者に説明しました。そして、「発言機会の奪い合いの文化＝take turn」から「譲り合いの文化＝give turn」への転換を呼びかけたのです。

　すると場の雰囲気が一変し、参加者たちはお互いの存在に敬意を払い、他者に耳を傾け、異なる見方や考え方の必要性を理解しようとし始めました。学生たちはお互いに「あなただったらどう考える？」といった質問を投げかけるようになり、全員の発言機会が増え、建設的な対話ができるようになりました。

　このワークショップは「和解の場」として現在も続けられており、戦後のスリランカ政府の「和解プロセス」にも反映されています。

7.2 ディベート

■**ディベートとは**　ディベートは、あらかじめ与えられた特定の論題について賛成論（肯定）と反対論（否定）の2つの陣営に分かれて意見を競わせ、最終的に審判が勝敗を決めるものです。ディベートという言葉を聞くと、白を黒と言いくるめる技術や相手をやり込める攻撃的な技術を磨く手法だと考える人もいますが、決してそんなことはありません。ディベートという言葉は、英語の debate をカタカナ表記にした言葉で、相手の主張をよく理解したうえで、的確に反論する能力を身につけるための技法です。つまり、ディベートは、有効かつ十分な根拠をもって人を説得する重要なコミュニケーションの一つなのです。グループでの学び合いの手段として、近年中学校や高校でも注目されています。

■**ディベートの種類**　コミュニケーション能力を高める手段としてのディベートにはさまざまな種類がありますが、大きく分けて

- 実社会ディベート＝実際に意思決定を行うためのディベート
  - 例）裁判の口頭弁論
- 教育ディベート＝訓練としてのディベート

の2つに分類することができます。教育ディベートは、さらに

- アカデミック・ディベート（教室型）＝準備時間が長い
- パーラメンタリー・ディベート（議会型）＝準備時間がほとんどない

第7章 みんなで考える・学び合う　89

に分けることができます（図7.3）。ここではアカデミック・ディベートに限定して説明します（図7.4）。

ディベートをしよう！

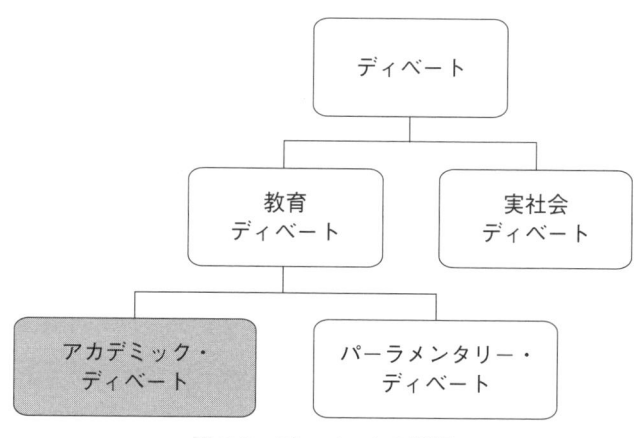

図7.3　ディベートの種類

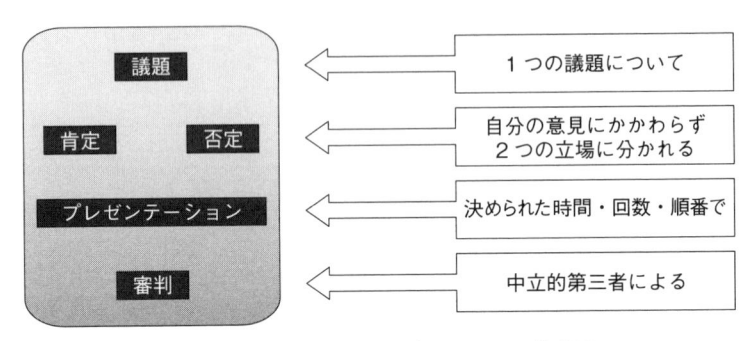

図7.4 アカデミック・ディベートの仕組み

■**ディベートの準備**　まずはディベートの**議題（テーマ）**を決めましょう。議題は賛否が明確に分かれるものを設定します。次に、**肯定側（賛成論チーム）**と**否定側（反対論チーム）**に分かれて討論するメンバーを決めましょう。下記の役割分担一覧を参照してください。ここで討論するメンバーは、自分の実際の意見とは関係なく、割り当てられた賛成論か反対論のいずれかの役割を演じて、相手チームと論証力の優劣を競います。ディベートの実習では、事前の準備期間もふくめてチームワークが重要ですし、論理的な思考法だけでなく、相手側の立場になって考える力も養われます。

ディベートの役割分担

肯定側（賛成論チーム）　1チーム（4〜6名）
否定側（反対論チーム）　1チーム（4〜6名）
司会進行役となる議長　教員か学生が担当する
タイム・キーパー　学生が担当する
審判　討論をしていないクラスの全員が担当する

ディベートでは、賛成論チームは、与えられたテーマ（議題）で、審判を論理的に説得するように発言を組み立てていきます。これに対して、反対論チームは事実確認しながら反対尋問をしていきます。教室で行うアカデミック・ディベートでは2〜6週間くらい前に議題を設定し、本番のディベートに向けてしっかり準備をします。準備は以下の通りに行いましょう[4]。

1. 議題の分析　例）「日本は脱原発への道を歩むべきである」
2. 資料の収集
    ・基礎知識資料
    ・証明資料（データ、証拠）
3. 資料の整理・分析
4. 立論の作成
    (a) 肯定側立論
        i. 定義する：論題で使われている言葉を明らかにし、議論の範囲を明確にします。
        ii. プランを提出します：いつ、どこで、誰が、何を、どのように、コストは？
        iii. メリットを挙げます：現状分析、発生過程、インパクトなど
    (b) 否定側立論
        i. 現状を支持する対抗プランを出します。

---

[4] 詳しくは、西部直樹（2009）『はじめてのディベート聴く・話す・考える力を身につける―しくみから試合の模擬練習まで』、あさ出版、62頁。

ii. 肯定側プランのデメリット、対抗プランのメリットを挙げます。
 5. 相手チームの立論を予想して反論を用意

■**ディベートの進行**　準備ができたらフォーマットに沿ってディベートを行います。ディベートのフォーマットは、**立論、反対尋問、最終弁論**という3つの局面で構成され、肯定側と否定側との時間配分などが平等になるように規定されています。あらかじめタイムスケジュールを決め、それに沿って進めましょう。立論は賛成論チームの先攻で始まりますが、最終弁論は反対論チームが先攻します。

・**立論**とは、賛成論チーム、反対論チームのそれぞれが、自らの主張の内容について説明することです。立論の目的は、論点の提示とその立証です。その立証に必要な情報をできるだけたくさん集めておくことが重要です。
・**反対尋問**とは、相手チームの立論に対して、それに反対する側が質問を行い、立論側がそれに答弁することです。相手側と論争するのではなく、相手と反対の立場から質問するのです。つまり、反対尋問は、相手の答弁を求めるためのものであって、自分たちの意見を主張するための場ではないことに注意しなければなりません。
・**最終弁論**とは、相手の立論と反対尋問に対する答弁を踏まえ、相手に反論すると同時に自らの立場の正当性を再立論することです。ここでは新たな論点は提示しません。つまり、肯定側・否定側ともに、立論や答弁（回答）で触れなかった論点を最終弁論で持ち出し

てはいけません。すべての重要な論点は立論に含めておくことがルールです。

フォーマットにはさまざまな形式がありますが、図7.5 に、大学でのアカデミック・ディベートで多く使用されている例を一つあげておきます。最後に、得点集計し、審査結果発表、コメントの紹介をします。

賛成論チーム	反対論チーム	時間配分
① 立論		7分
③ 回答 ←	② 反対尋問	10分
	④ 立論	7分
⑤ 反対尋問 →	⑥ 回答	10分
⑦ 作戦タイム		6分
	⑧ 最終弁論	10分
⑨ 最終弁論		10分

図 7.5　ディベートのフォーマット例

■**審査の方法**　ディベートの勝ち負けの判定は、中立的第三者の聴衆である審判（ここでは討論をしていないクラスの全員）が行います。審判担当者は、以下の諸点に注意して公平な立場で、各チームの論証力の優劣を判断しましょう。

1. **審判がしてはならないこと**
    ・「個人的感情を交える」→自分が論題についてどう思っているかに左右されてはいけません。

- 「個人的知識を交える」→自分が論題について持っている知識と比較してはいけません。（あくまで目前で展開された「肯定側」と「否定側」の議論だけを材料に判断します！）
2. 審査用フローシートの記入（図7.6）
    - 文章化せずにキーワード等を素早くメモします。
    - 賛成論側と反対論側で対応する議論は横並びに書きます。つまり、反対尋問では必ずしも発言順にメモしないということです。
3. 採点表の記入（図7.7）

    採点基準

    (a) 時間配分 5 点

    時間を大きく余らせたら減点します。時間を超えた発言は減点の上、審査対象から外します。

    (b) チームワーク 5 点

    チーム内で意見が事前調整されていたか、尋問や反対質問の際に助け合っていたか、全員が偏りなく参加しているか、などをチェックします。

    (c) 発表態度 5 点

    声の大きさ、話すスピード、態度、などをチェックします。

    (d) 議論内容の水準 5 点 × 2

    勉強や準備がよくなされていたか、図表や資料の利用は適切に利用されたか、論旨が明瞭で論理的であったか、主張されたメリットとデメリットはいずれが優位にあったか、などをチェックします。

第 7 章　みんなで考える・学び合う　95

審査用フローシート

___月___日（　　）
論題：
肯定側メンバー：_____　否定側メンバー：_____

肯定側立論	否定側反対尋問	否定側立論	肯定側反対尋問	否定側最終弁論	肯定側最終弁論

図 7.6　審査用フローシート

```
┌─────────────────────────────────────────────┐
│           ┌──────────────┐                  │
│           │ ディベート採点表 │                  │
│           └──────────────┘                  │
│                                             │
│      月　　日（　　）　第　　試合             │
│                                             │
│  論題：_____       │
│                                             │
│  肯定側メンバー：____  ____  ____  ____       │
│  否定側メンバー：____  ____  ____  ____       │
│                                             │
│  採点結果                                    │
│  ┌─────────────────────────────────────┐    │
│  │                  肯定側      否定側   │    │
│  │  時間配分（5点満点）    ___点     ___点 │    │
│  │  チームワーク（5点満点） ___点     ___点 │    │
│  │  発表態度（5点満点）    ___点     ___点 │    │
│  │  議論内容の水準（10点満点）___点   ___点 │    │
│  │                                     │    │
│  │  合計（25点満点）       ___点     ___点 │    │
│  └─────────────────────────────────────┘    │
│                                             │
│  コメント                                    │
│  ┌─────────────────────────────────────┐    │
│  │                                     │    │
│  │                                     │    │
│  │                                     │    │
│  │                                     │    │
│  │                                     │    │
│  └─────────────────────────────────────┘    │
│                   審査員氏名 _____      │
└─────────────────────────────────────────────┘
```

図 7.7　採点表

点数の付け方
5点：非常によい　4点：まあまあよい　3点：普通　2点：あまりよくない　1点：よくない

　ここまで紹介した論題の設定から判定までの一連の流れとそれぞれのパートで鍛えられる能力について図7.8 のチャートでもう一度確認してください。

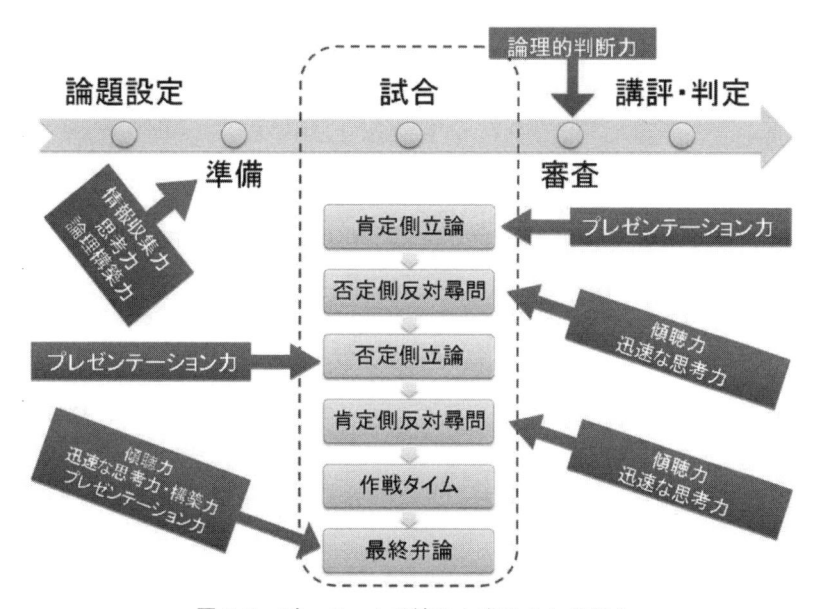

図7.8　ディベートの流れと求められる能力

演習 7.4

1. ディベートの論題（テーマ）をクラス全体で1つ決めてください。
2. 1チーム4〜6人で構成し、肯定側・否定側を決定してからディベートに向けて準備を行ってください。
3. 本節の内容を参考にして実際にディベートをやってみましょう。

第8章
統計データを収集する・分析する

―― 本章のポイント ――
・ある結論を導くための適切な母集団を設定する
・調査対象となる母集団の性質をできる限り反映させた標本（サンプル）を収集しなければならない
・データを要約する量（平均値・中央値・標準偏差）を理解する
・データの種類に応じた要約・可視化の方法を理解する

　学術研究においては、データ（ここでは、おもに数値の集まり）に基づいて考察を展開していくことが重要です。データはさまざまな主張の根拠になります。しかしながら、データの収集方法が適切でなかったり、データを正しく解釈できなかったりすると、誤った結論が導かれてしまうでしょう。適切に収集されたデータを適切な方法で分析できて初めて、データは意味のある情報となるのです。

　IT 技術の発展により、現実世界のあらゆる現象や人間の行動などがデータとしてリアルタイムに蓄積されるようになっています。さまざまな分野でそのようなデータを活用して、意思決定を行ったり、新たなサービスを生み出したりするという取り組みが行われています。これま

では、情報リテラシー（コンピュータやネットワークの活用能力）が社会人に求められるスキルの1つであると言われていましたが、これからは、それに加えて**データリテラシー（統計データの活用能力）**も求められる時代になっていくでしょう。

本章では、データを収集する際に気を付けることや、分析する際に最低限必要となる知識について説明します。

8.1 母集団と標本

Aさんは、エネルギー政策についての研究を行うにあたり、原子力発電に関連したアンケート調査を実施することにしました。その方法として、いくつかの案を考えました。

- できるだけ多くの講義室の入り口にアンケートの協力依頼の掲示をし、アンケート用紙と回収箱を設置しておく。
- 自分が受講する講義で、講義終了後に直接他の受講者にアンケートへの協力を依頼し、回答してもらう。
- インターネット上のアンケートシステムを利用してアンケート調査を行う。アンケートの協力依頼はメールなどで行う。
- 通学・通勤時間帯に駅前に立ち、通行人にアンケートを依頼する。

演習 8.1 このような方法で収集されたデータは、学術研究における主張や意思決定の根拠として妥当なものになるでしょうか。それぞれの方法について、問題点を指摘してみましょう。

Aさんは、この調査をすることによって、どのような人たちの意見を知りたいのでしょうか。一般に、明らかにしたい研究対象すべてに関するデータの集まりを**母集団**と呼びます。例えば、日本人全般の意見を知りたいのであれば、日本人全員分のデータが母集団になりますし、若者の意見を知りたいのであれば、例えば30歳以下全員のデータが母集団になるでしょう。

　母集団に含まれるデータすべての情報が得られれば、その調査の目的は完全に達成されたことになります。しかし、実際には全員分のデータを収集することは不可能に近いでしょう。そこで、Aさんが考えたような方法でデータを収集することになるわけです。このことは、仮想的な母集団から、一部のデータを取り出していると考えることができます。このようにして取り出されたデータの集まりを**標本**と呼びます。また、母集団から標本を取り出すことを**標本抽出**と呼びます。

　データを収集する際に初めに決めなければならないことは、母集団は何か？ということです。母集団を定義したら、標本が母集団とできるだけ同じ性質（調査対象の**属性**）となるように、調査（標本抽出）の計画を立てます。例えば、母集団を日本人全員の身長データとするならば、標本における年齢や性別の構成比率は、日本人全体におけるそれと同じになるように抽出すべきでしょう。これ以外にも、身長に影響すると思われる属性の構成比率は、できるだけ母集団と標本で同じになるようにするのが理想的です。

　それでは、このような標本を得るためにはどのようにすればよいのでしょうか。基本的な方法として、**有意抽出法**と**無作為抽出法**の2つがあります。有意抽出法は、母集団と標本の性質が似たものになるよ

う、あらかじめ、調査対象を指定する方法です。無作為抽出法は、コンピュータで発生させた乱数などを利用して、調査対象をランダムに選定する方法です。実務的にはこれらを組み合わせて実施することが多いようです。例えば、日本の大学生に対する意識調査を、**アンケート**により実施するとします。もちろん、全大学生を対象にアンケートを実施するのは難しいので、最初に大学の国公私立別、地域、規模などを考慮して、代表的な大学を決定します（有意抽出）。調査対象の大学が決まれば、各大学における学籍番号からランダムに調査対象者を決定し（無作為抽出）、アンケートの依頼を行います。

　ここまでは、社会科学分野のアンケート調査を例にとって説明してきましたが、母集団と標本の考え方は、**自然科学分野における実験**などでも必要となります。例えば、ある物理定数を実験によって測定する場合には、理論上の母集団は一定の条件下で無限回測定した場合のすべての結果と考えることができます。しかし実際の実験では5回や10回の測定を行い、標本抽出を実施しているということになります。この場合、母集団と標本の性質が同じになるように標本抽出を行うためには、できる限り同一条件で実験を行うことが必要です。そして実験で得られた標本から、目的とする物理定数の予測値を計算することになりますが、この値の精度がどれくらいであるかというのは、統計学の理論で導くことができます。

8.2 各種統計データを活用する

　前節で説明したような方法でアンケートを実施することには、大変な労力が必要となります。政府や自治体、企業などもさまざまな調査を実施しており、特に公的に実施される調査の結果などは、インターネット上で公開されているものが多くあります。ここでは、代表的な統計データの公開サイトを紹介します。調査を自分で実施する前に、既存のデータを用いて分析できることがないかを検討しておきましょう。レポートや論文でデータを利用した場合には、出典を明記することも忘れないようにしましょう。

■ **e-Stat（政府統計の総合窓口）**　e-Stat[1]は、政府やその関係機関が実施するさまざまな統計調査（国勢調査、労働力調査、社会生活基本調査など）に関する情報を集約したサイトです。ここでは、それらの調査結果の統計表が、表計算ソフトのファイル形式で公開されています。これらをダウンロードすることで、独自の集計を行ったり、グラフを作成したりすることができます。

■ **SSJDA**　SSJDA（Social Science Japan Data Archive）[2]は、東京大学社会科学研究所付属社会調査・データアーカイブ研究センターが公開しているウェブサイトです。このサイトでは、過去に実施されたさまざまな統計調査や社会調査の個票データを提供しています。データの利

---

1) http://www.e-stat.go.jp/
2) http://ssjda.iss.u-tokyo.ac.jp/

用には申請が必要なので、研究を進める過程で利用したいデータがあった場合には、指導教員に相談してみましょう。どのようなデータが利用可能か、一度リストを見ておくとよいでしょう。

■**環境 GIS**　環境 GIS[3]は、国立環境研究所が公開しているウェブサイトです。大気汚染物質や水質汚染物質などの測定結果を地図上に表示できる仕組みを提供しています。地図上への表示だけでなく、数値データのダウンロードも可能になっています。

■**Data.Gov**　Data.Gov[4]はアメリカ政府が公開しているウェブサイトです。アメリカ政府が収集したさまざまなデータ（個人情報や軍事機密に関する情報を除く）を公開しています。

3）GIS は Geographic Information System の頭文字をとったものです。
4）http://www.data.gov/

8.3 データの尺度を見極める

尺度水準

名義尺度　2つの値が等しいかどうかの比較ができるような尺度
　　例：血液型（A型：1、B型：2、O型：3、AB型：4）
順序尺度　2つの値の順序が定まるような尺度
　　例：成績の評定（S：4、A：3、B：2、C：1、D：0）
間隔尺度　2つの値の差を比較することに意味があるような尺度
　　例：温度（12.3℃、23.2℃、-20.5℃）
比例尺度　2つの値の比率に意味があり、絶対ゼロが存在するような尺度
　　例：重さ（23.5kg、0.0kg、12.8kg）

※各尺度の性質は、名義⊂順序⊂間隔⊂比例のような包含関係がある。

　データを分析するための手法は基本的なものから、専門的で高度なものまで数多くあります。利用できる分析手法や結果の示し方は、データの尺度によって異なりますので、尺度にはどのようなものがあるかを理解しておくことが必要です。**名義尺度**は血液型のように2つの値が等しいかどうかの比較のみができるような尺度です。各血液型に数値を割り当てたとしても、それらの演算をすることに意味はありません。**順序尺度**は成績の評定のように2つの値の順序が定まるような尺度です。値同士の間隔に意味はなく、成績の評定の場合、AとB、CとDの間隔が

等しいとは必ずしも言えません。**間隔尺度**は温度のように値同士の間隔に意味のある尺度です。値同士の比には意味がなく、温度が10℃から20℃に上昇した場合に、「温度が2倍上昇した」とは言いません[5]。**比例尺度**は値の比にも意味があるような尺度です。物質の重量の場合、絶対ゼロが存在するため、「重さが1/2になった」などの言い方ができるのです。

　名義尺度と順序尺度を合わせて**質的データ**、間隔尺度と比例尺度を合わせて**量的データ**と呼びます。言うまでもなく、この区別は統計学上のものであり、いずれも数値化して統計処理します。

　これに対して社会学、心理学、文化人類学等の分野では、そのように統計処理することができない情報を、参与観察やインタビュー等で収集し分析する調査研究手法があり、これを「質的調査〔定性的研究〕qualitative research」と呼んでいます。このように学問のあいだで着眼点や術語法が微妙に異なるというのも、おもしろいですね。そういうちょっと高度なことも、これからみなさんは大学でしっかり学んでいきましょう。

---

[5] 摂氏温度の場合、便宜上、水の凝固点を0℃と取り決めているだけで、絶対ゼロではなく、「温度がない」ことを意味しないため。

8.4 中心の指標〜平均値と中央値

> 平均値と中央値の違いを理解しよう
> **平均値** データにおけるすべての値の合計を値の数で割ったもの
> → 数学的に扱いやすいが、外れ値[6]に影響を受けやすいです
> **中央値** データを昇順に並べ替えた真ん中の値
> → 外れ値に影響を受けにくいが、数学的には扱いにくいです

平均値（average, mean）[7]は、ある項目の値の集まりが与えられた時に、それらの中心を示す指標として計算されます[8]。平均値は数学的に扱いやすく、計算も容易なので、多く利用されています。しかし、平均値が有効でない場合もあります。例えば、厚生労働省が実施した、平成23年度国民生活基礎調査の結果によると、世帯ごとの年間所得の平均額は579万6,000円でした。しかし、この平均値より年間所得の低い世帯は全体の61.4%であり、平均値が全体を代表しているとは言えません。これは平均値が、少数の高所得世帯に影響をうけているためです。

---

[6] 大部分のデータよりも極端に大きかったり小さかったりする少数の値のことです。厳密な定義は統計学のテキストなどを参照してください。
[7] n 個のデータ $x_1, x_2, ..., x_n$ に対する平均値は、

$$\bar{x} = \frac{1}{n} \sum_{i=1}^{n} x_i$$

で計算できます。
[8] Excel では average 関数で計算できます。

一方、年間所得の**中央値**（median）[9]は438万円となっています。この値より高所得の世帯がちょうど半数、そうでない世帯もちょうど半数となっており、この値は全体の代表となっているといえます。

9）Excel では median 関数で計算できます。

8.5 ばらつきの指標〜標準偏差

図 8.1 は平均値が同じ 2 組のデータを数直線上に表したものです。平均値という物差しで見ると、2 組のデータは同じ性質であるといえますが、実際には大きく異なっています。この 2 組のデータは「ばらつき」が異なっています。このばらつきの大きさを表す指標が**標準偏差**[10] です。図の両矢印は、平均値から標準偏差を引いた値と平均値に標準偏差を足した値が両端となっています。標準偏差は、すべてのデータの平均

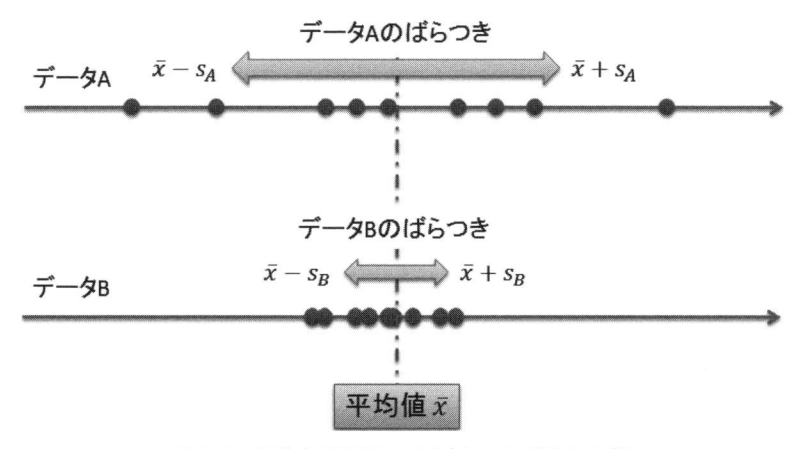

図 8.1 平均値は同じでもばらつきが異なる例

---

[10] n 個のデータ $x_1, x_2, ..., x_n$ に対する標準偏差は、

$$s = \sqrt{\frac{1}{n}\sum_{i=1}^{n}(x_i - \bar{x})^2}$$

で計算できます。Excel では stdev 関数で計算することができます。

的な平均値からのずれの大きさを表しており、以下のようにして計算します。

- データの全ての値について、平均値との差を求める
- それらを全て2乗して、合計する
- 合計した値をデータの数で割る
- それらの平方根を取る

8.6 データを可視化する

人間の視覚は、短時間に大量の情報を理解することができます。数値の羅列となっているデータを図表で可視化することにより、大量のデータを短時間で理解できるようになります。ここでは、基本的なグラフの例と、作成の際の注意点について確認しておきましょう。

8.6.1 棒グラフ

名義尺度もしくは、順序尺度と比例尺度の組を可視化するには、棒グラフを用いるとよいでしょう。例えば、

- ある期間内での業種（名義尺度）ごとの企業倒産件数（比例尺度）
- 都道府県別（名義尺度）の1人当たりのごみ排出量（比例尺度）
- ある年度の月（順序尺度）ごとの降水量（比例尺度）
- 年齢別（順序尺度）の平均身長（比例尺度）

などをイメージすると分かりやすいでしょう（図8.2、図8.3）。**名義尺度に対する棒グラフを作成する場合には、値の降順（大きい順）に並べ替えておくようにしましょう**[11]。

---

[11] 並べ替えた場合と並べ替えない場合で、どちらのグラフが短時間でデータを理解しやすいかを比較してみましょう。

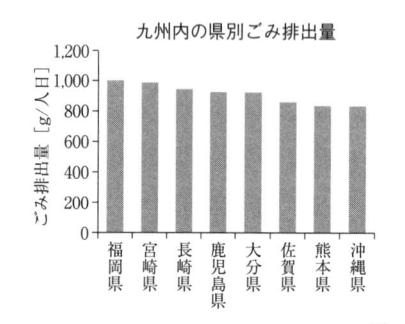

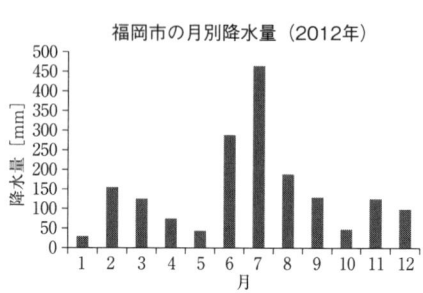

図 8.2　横軸が名義尺度の棒グラフ[12]　　図 8.3　横軸が順序尺度の棒グラフ[13]

その他に、棒グラフを作成する際の注意点として、以下のようなことが挙げられます。

- アンケート調査の結果を示す場合に、名義尺度や比例尺度の項目名が非常に長いことがあります。そのような場合には**横棒グラフ**を利用すると見栄えがよくなります（図 8.4）。
- 複数のグループで同一内容の棒グラフを比較する場合には、**集合縦棒グラフ**を利用すると良いでしょう（図 8.5）。単独の棒グラフを並べる場合には、縦軸のスケールを同一にするように注意しましょう。
- **縦軸の値の省略はできるだけしないようにしましょう**（図 8.6）。値の違いを過大評価してしまいます。

---

12) 環境省「廃棄物処理技術情報（平成 23 年度調査結果）」よりデータ取得後グラフ作成。
http://www.env.go.jp/recycle/waste_tech/index.html、
2014 年 1 月 9 日ダウンロード。
13) 気象庁「気象統計情報」よりデータ取得後グラフ作成。
http://www.jma.go.jp/jma/menu/report.html、
2014 年 1 月 9 日ダウンロード。

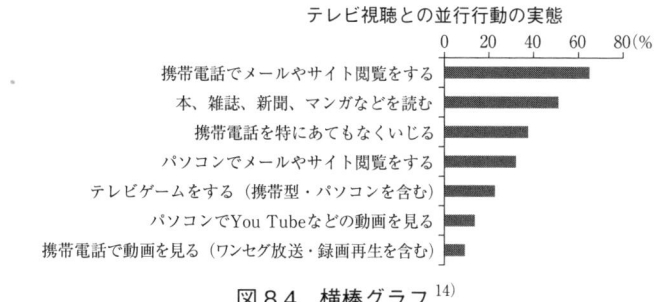

図 8.4　横棒グラフ[14]

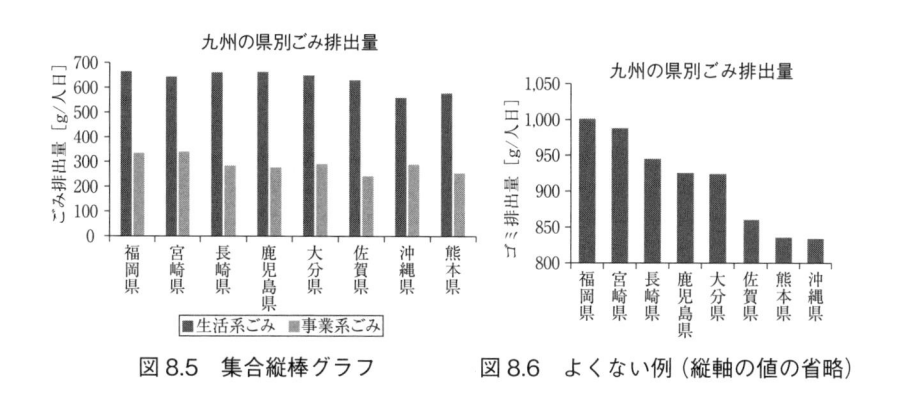

図 8.5　集合縦棒グラフ

図 8.6　よくない例（縦軸の値の省略）

8.6.2　円グラフ・帯グラフ

名義尺度や順序尺度で得られたデータの**構成比（相対度数）**を可視化するには、円グラフや帯グラフを用いるとよいでしょう。例えば、

・「あなたは今の環境に満足していますか？」に対する選択肢「非常に満足」「やや満足」「どちらでもない」「やや不満」「非常に不満」の集計データ（順序尺度の構成比）

---

14) 総務省（2011）「平成 23 年版情報通信白書」より作成。

・輸出テレビ番組のジャンル別構成比（名義尺度の構成比）[15]

などがあります（図 8.7、図 8.8）。**名義尺度に対する棒グラフを作成する場合には、値の降順（大きい順）に並べ替えておくのは、棒グラフと同様です。**ただし、図 8.8 に示しているように「その他」に該当するような項目については、値の大きさにかかわらず、一番最後に並べるのが一般的です（棒グラフについても同様です）。

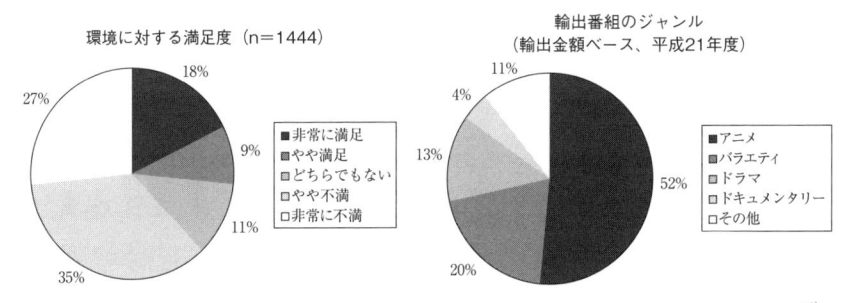

図 8.7　円グラフ（順序尺度の構成比）　　図 8.8　円グラフ（名義尺度の構成比）[16]

8.6.3　折れ線グラフ

間隔尺度（主に時刻など）に対して得られた量的データの**値の変動**を可視化するには、折れ線グラフを用いるとよいでしょう。図 8.9 は日経平均株価の 1 日の終値を折れ線グラフで表したものです。日経平均株価のデータは長期間にわたって蓄積されており、図 8.10 のようなグラフを作成することもできるでしょう。そのデータについて何が言いたいのかを考えて、適切なグラフを作成するようにしましょう。

[15)16)] 総務省（2011）「平成 23 年版情報通信白書」より作成。

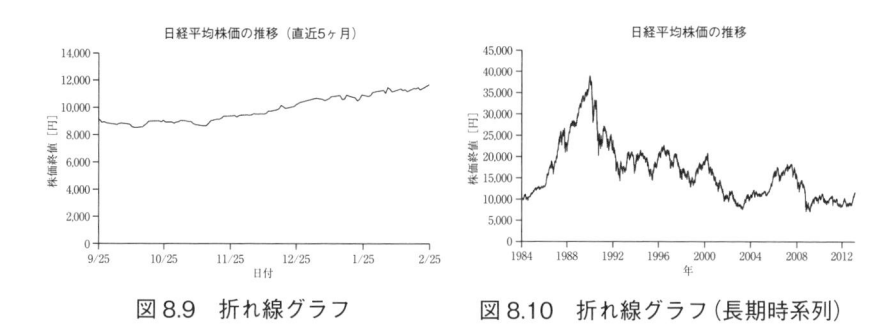

図 8.9　折れ線グラフ　　　　　図 8.10　折れ線グラフ（長期時系列）

　ただし、名義尺度に対して得られた量的データの値を、折れ線グラフにするのは避けましょう。名義尺度に対して得られた値同士を線で結んでも、たまたま隣に並んだものを結んだだけで、その線自体に重要な意味はありません。

演習 8.2　さまざまな白書や論文などに掲載されている統計グラフを見て、ここで紹介した基本的な統計グラフ以外のものがあるか探してみましょう。見つけた場合には、そのグラフがどのような種類のものであるか、どのような工夫がなされているかについて考えてみましょう。

8.7 データの関連性を調べる

8.7.1 量的データの関連性〜散布図と相関係数

　量的データの関連性を見るには散布図を作成するとよいでしょう。散布図はデータの組（例えば、身長と体重など）を座標平面上の点とみなして、すべてのデータについてプロットしたものです。図 8.11 は、国ごとの平均寿命と合計特殊出生率[17]の関係を散布図にしたものです。散布図の 1 つの点が 1 つの国の平均寿命と合計特殊出生率の組を表しています。この図から、全体的に平均寿命が長い国ほど、合計特殊出生率が低くなるという傾向が見て取れます。人口規模に対応して、点の大きさを変えたり、地域によって点の色を変えたりすることで、より分かりやすい図にすることもできます。

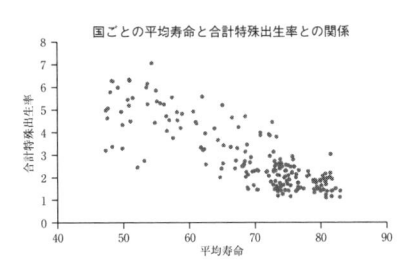

図 8.11　散布図の例[18]

---

[17] 女性 1 人が生涯に産む子どもの平均数。
[18] WHO Global Health Observatory Data Repository よりデータ取得後グラフ作成。
http://apps.who.int/gho/data/node.main、
2013 年 10 月 15 日ダウンロード。

2 組の量的データの関連の強さを表す指標に**相関係数**があります[19]。相関係数は、−1 から 1 の間の値を取り、1 に近いほど右上がりの関係があり、−1 に近いほど右下がりの関係が強いと言えます。0 に近い場合は、関係がない、もしくは弱いと言えます（図 8.12）。図 8.11 のデータで相関係数を計算すると −0.83 となります。相関係数を利用する際に注意すべきことは、相関係数は直線的な関係のみを示す指標であるということです。例えば、散布図を描画すると 2 次曲線上に分布するようなデータでは、相関係数を計算するとゼロに近い値となります（図 8.13）。つまり、**関係があっても相関係数がゼロに近い値となるケースがある**ということです。

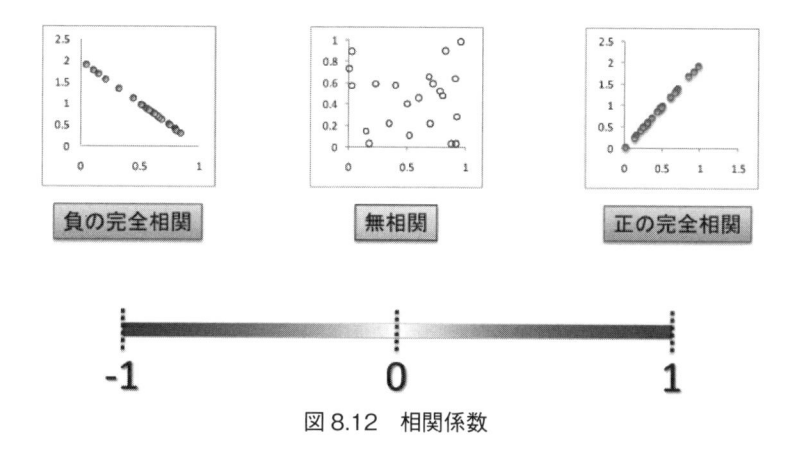

図 8.12　相関係数

---

19) Excel で相関係数を計算するには、correl 関数を利用します。

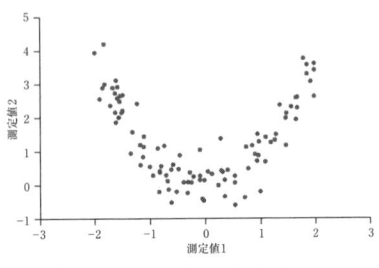

図 8.13　2次曲線上のデータ

8.7.2　質的データの関連性〜分割表

質的データの関連性を見るには、分割表を作成するとよいでしょう。表 8.1 は、年代別にどの政党を支持するかを尋ねたアンケート調査の結果をまとめたものです。この結果から、年齢層によって政党支持率に違いがあるかどうかを見るには、横方向の比率（相対度数）を計算します（表 8.2）。さらに、この結果を視覚的に捉えるには、帯グラフを作成してみるとよいでしょう（図 8.14）。

表 8.1　年代別の政党支持

年代	A 党	B 党	その他の党	支持政党なし	計
20〜	71	29	23	77	200
30〜	76	33	28	63	200
40〜	64	37	40	59	200
50〜	98	24	21	57	200
計	309	123	112	256	800

表 8.2 年代別の政党支持（相対度数、パーセント）

年代	A党	B党	その他の党	支持政党なし	計
20〜	35.5	14.5	11.5	38.5	100.0
30〜	38.0	16.5	14.0	31.5	100.0
40〜	32.0	18.0	20.0	29.5	100.0
50〜	49.0	12.0	10.5	28.5	100.0
計	38.6	15.4	14.0	32.0	100.0

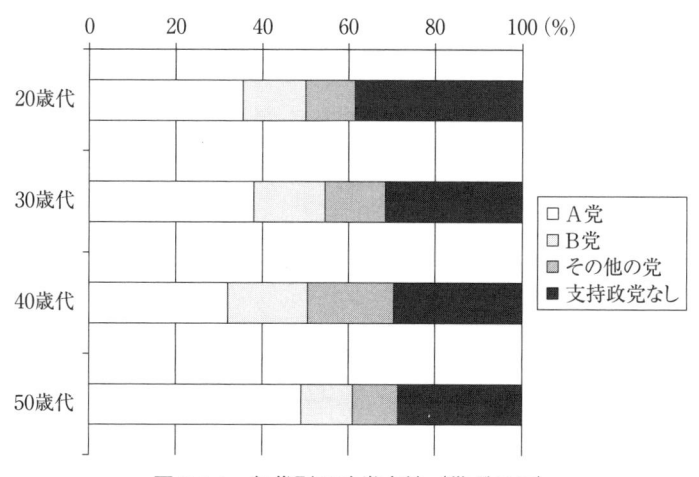

図 8.14 年代別の政党支持（帯グラフ）

第9章
インターネットで調べる

本章のポイント
- インターネットには誤った情報も多数存在する
- 情報の引用は慎重に

　インターネットも、学術研究に利用されるようになっています。コンピュータをインターネットにつなげば図書館に足をはこばなくてもよいですし、ネット上の膨大な情報に簡単にアクセスできます。しかし、インターネットを利用する際には、注意が必要です。というのは、インターネット・ソースには、**再検証の可能性を保証していないものが多く**あるからです。そのため、学術論文におけるウェブ文書の扱い方については、研究者の間でも一定のコンセンサスを得るにはいまだに至っていません。したがって、**ウェブ文書を引用する場合は、情報の信頼性を十**分吟味したうえで、少なくともその文書の作成者、作成日、文書タイトル、アドレス、閲覧日を明記するようにしましょう。

> 引用例
> 外務省「日英首脳会談（概要）」2011 年 11 月 3 日
> (http://www.mofa.go.jp/mofaj/kaidan/s_noda/g20_1111/1111_uk.html、
> 2012 年 1 月 6 日ダウンロード。)

9.1 検索エンジンを活用する

> 検索エンジンの仕組み
> ・24 時間稼働しているプログラムが、世界中のウェブページの情報を収集
> ・データベースに蓄積
> ・検索語を含んでいるページをスコア化して、スコア順に出力

　Google や Yahoo! などの検索エンジンは、利用者からの問い合わせ[1]を受けて、データベースから検索語に関連するウェブページのリストを作成し、利用者の画面に表示します。データベースには世界中のウェブページの情報が蓄積されており、24 時間稼働しているプログラム[2]が世界中のウェブページを巡回して、最新の情報を収集しています。検索語が一般的な単語である場合は、リストに表示されるウェブページの数は非常に多くなります。

　このとき、表示される順位はどのように決定されているのでしょう

---

[1] ウェブページの検索フォームから検索語が送信されることです。
[2] クローラーなどといいます。

か。検索エンジンによって決定方法は異なりますが、代表的な検索エンジンである、Google[3]における順位の決定方法（PageRank アルゴリズム）は、検索語に関連するページの重要度に基づいています。その重要度は、以下の基準で与えられます。

・多くのページからリンクされているページは重要度が高い。
・多くのページからリンクされているページからリンクされているページも重要度が高い。
・ただし、リンク集のように大量のリンクをしているページからのリンクは、あまり重要度を高めない。

この仕組みにより、検索エンジンから出力された検索結果の上位には、検索語に関して重要度の高いページが入るのです。

■静的なページと動的なページ―情報の鮮度と信頼性

・信頼性のチェックは、静的なページと動的なページの見極めから！
・期間指定の検索を利用して、鮮度のよい情報へアクセス

インターネットを利用する上で、ウェブページに**静的**と**動的**の2種類のものがあるということを理解しておくことが、情報の質を吟味する上で重要となります。静的なページとは、コンピュータにインストールされたソフトウェアを利用して、ウェブページの情報が含まれたファイ

---

[3] http://www.google.com/

ルを作成してからインターネット上に公開されたものを指します。一方で、動的なページとは、既存のウェブページのフォームからページに関する情報を入力することで、自動的に作成されたものを指します。具体的には、ブログや掲示板などがこれに相当します。

表 9.1 は、静的なページと動的なページの相違点を挙げたものです。静的なページでは、ページの更新に必要なデータとソフトウェアが用意された特定のコンピュータからしか更新作業が行えないなどの理由で、ページの更新に手間がかかります。また、個人で運営しているサイトなどは、ひとりでページの更新を行うために、更新頻度はあまり高くありません。

表 9.1 静的なページと動的なページ

	静的なページ	動的なページ
更新頻度	低い	高い
生存期間	長い	短い
作者	1 人〜数人	1 人〜不特定多数
信頼性の評価	必要	より必要
URL の末尾	.html .htm など	.php .pl 人間には理解できない文字列の羅列

一方で、動的ページは、インターネットに接続された環境であればどこからでも更新することができ、多人数がページの編集に関わることができるため、更新頻度は高くなる傾向にあります。それと同時に、動的ページは古くなった情報が消滅するまでの期間が静的なページに比べると短い傾向にあります。

検索エンジンは、常にページを監視しているわけではないので、ページの情報を収集した後に、ページが更新されるということが起きます。つまり、検索エンジンでヒットしたページを訪れたが、そのページに

該当する情報が存在しないというケースが起こり得るのです。そのような場合には、検索エンジンのキャッシュという機能を使うとよいでしょう。検索エンジンは、ウェブページのデータベースを作成すると同時に、ページの情報を収集した時点でのページそのものを保存しています。検索結果のリストから、その内容へアクセスすることが可能な場合があります（図9.1）。

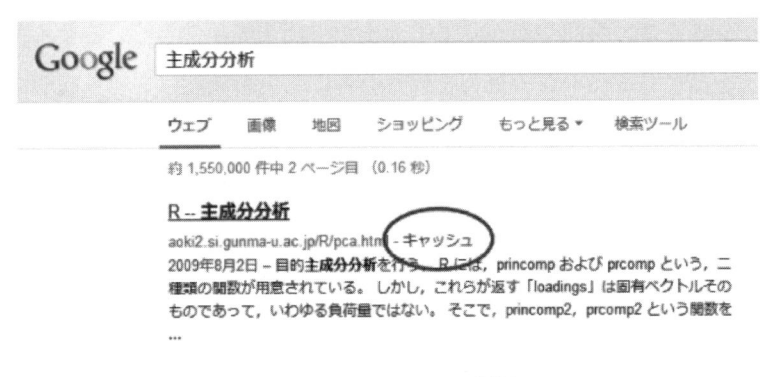

図 9.1　キャッシュの利用

■**検索方法の工夫**　一般的な語を検索した場合には、検索結果は膨大な量になってしまいます。その中から目的とする情報を抽出するためには、以下のような方法で絞り込みを行うとよいでしょう。

・キーワードの追加
　　空白区切りで検索語をいくつも並べると、すべての語を含むようなページの一覧が検索されます。

- **ダブルクォーテーションで検索語を囲む**

  例えば「大気環境データ」と入力して検索をすると、「大気」と「環境」と「データ」に自動的に区切られて検索が実行されます。「大気環境データ」という語を含むページを検索したい場合には、ダブルクォーテーションで検索語を囲み「"大気環境データ"」と入力して検索を実行します。

- **検索期間の指定**

  多くの検索エンジンには図9.2のように検索期間を指定する機能があります。新しい情報に限定したい場合などは、「1年以内」などを指定して検索するとよいでしょう。また、最新のニュースに関連する情報のみを検索する場合などにはもっと短い期間の指定も可能です。

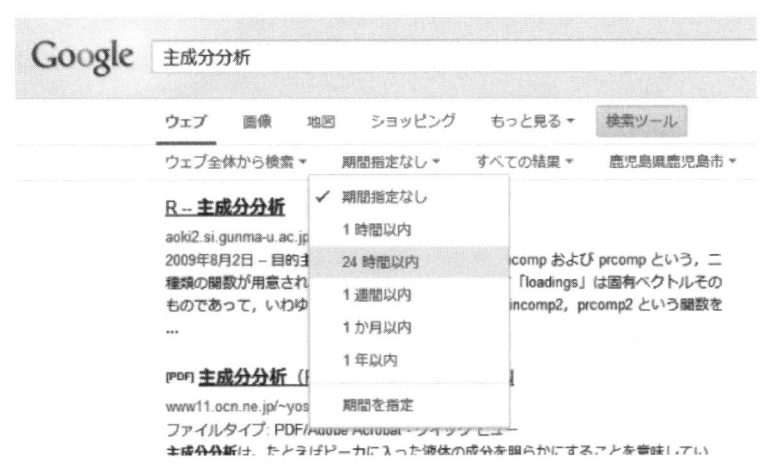

図 9.2　検索期間の指定

- 「〜とは」検索

 語句の定義を調べる場合には、調べたい語句に「とは」を付けて検索するとよいでしょう。「とは」を付けずに検索すると、例えば、その語句に関連する商品やニュース記事などが検索結果に含まれてしまいます。「とは」を付けて検索すれば、その語句の定義や意味についての記述のあるページのみに検索結果が限定され、効率よく目的の情報にたどり着くことができます。

- ファイルタイプの指定

 検索エンジンではウェブページだけでなく、各種の文書ファイルなども検索対象となっています。例えば、Google においては、検索語に「**filetype：拡張子**」を加えることで、指定した拡張子を持つファイルのみに限定した検索が実行できます。例えば PDF ファイルのみを検索したい場合には、検索語に「filetype:pdf」を加えればよいでしょう。

9.2 Wikipedia の利用について

> Wikipedia は誰でも編集できることに注意すること。

予備知識を持たない情報を調べる場合に、Wikipedia[4] は大変役に立ちます。Wikipedia は、

- 項目数の多さ
- 最新の項目の収録、最新情報への更新速度
- 検索の容易さ

などの点で、他の百科事典を大きく上回ります。しかしながら、

- 執筆者が不明で、誰でも編集できる
- すべての内容が十分に吟味されたものではない

などの理由から、記事の正確さについては十分でないものも多く存在します。Wikipedia の信頼性については多くの議論がなされており、2005年に科学誌 Nature が行った調査によれば、自然科学分野の記事については、ブリタニカ百科事典と同等の正確性を有しているとのことです[5]。しかしながら、ブリタニカはこの調査は不十分であるとの反論を

---

[4] http://www.wikipedia.org/
[5] Giles, J. (2005). "Internet encyclopaedias go head to head". *Nature*, 438, 900–901.

行っています。これについても、自然科学分野に限った話であって、特に新しい項目や、一般的でなくあまり人の目に触れないような項目については信頼性が下がるということにも気を付けておく必要があるでしょう。Wikipedia そのものを学術研究のソースとして利用することは避けるべきです。

付録A
スケジュール管理のすすめ

■**オーダーメイドの時間割** これから皆さんの学問キャリアが本格的に始まりますが、最初に、これまでとは大きな違いに遭遇します。それは、時間割を自分で組み立てるということです。高校生までは、基本的に学校から与えられた時間割を淡々とこなしていく毎日だったと思います。しかし、これからは、**どの講義を履修するかの時間割は自分で組み立てなくてはいけません**[1]。つまり、自分が勉強したい講義を選択できる自由が与えられるとともに、自分の選択に責任を持たなくてはならないのです。また、講義ごとに教室が異なることも忘れてはいけません。自分が選択した講義とそれが開講される教室について、時間割を書いてみましょう。

近年はスマートフォンで時間割を管理している学生も多いようですが、自分で書いたことが一番記憶に刻まれているものです。スマートフォン等は予備程度に考えておいた方が無難です。

---

[1] 講義の選択にあたって、自分の興味も大事ですが、卒業するためには大学が定めた一定の単位（さらに資格を取りたいならばそれ以上）を取得しなければいけません。また、その内訳も複雑ですので、学生便覧などを熟読してください。また、講義は、名称で選ぶのではなく、シラバスを熟読し、講義の全体の内容を把握した上で講義を選択しましょう。

■スケジュール管理の注意点　大学生活に慣れた頃になると、講義のレポートや課題も増えてくると思います。また、部活やサークル、アルバイト、ボランティアなど活動の域も広がってくるでしょう。このため、時間割とは別にスケジュールの管理が必要になってきます。アルバイトに精を出しすぎて、レポートが期日までに仕上がりそうにない状況に陥ってしまったとしても、残念ながら机の引き出しを開けて、某マシンに乗り、過去の自分に忠告しに行くことはできません。スケジュール管理で重要なことは、**時間を管理するのではなく自分自身を管理する**ということです。このことを理解しない限り、いくらスケジュール帳に予定を書き込んだところで意味が無いものになってしまいます。

スケジュール管理のコツ

1. **手帳は1冊**
   大学用とアルバイト用など2冊以上のスケジュール帳を持つ必要はありません。むしろダブルブッキングが発生しやすくなるため、1冊の手帳にすべての予定を集約させた方が効率的にスケジュールを管理することができます。

2. **逆算して目標を記入する**
   スケジュール管理というと、つい「何時に何があって」という目先の予定や締切りに目がいきがちです。スケジュール帳を使い始めの頃は、目先の予定を書き込むことも大事でしょう。しかし、長期的には、ここ数日や数週間の予定はもっと長い計画から導き出される必要のあるものです。締切りまでに終わらせるにはどれだけの時間を必要とするか、締切りから逆算してどの時点で、何

をどこまで終わらせるのかを考えるようにしましょう。やるべきことそれぞれについて、処理に必要な時間を割り当てていくと、"まだ余裕がある"のか"時間が足りない"のかを見通すことができるようになります。マラソンは 42.195 km を走り切らねばなりませんが、5 km や 10 km ごとのラップを計測し、自分が予定通りに走れているのか、あるいは遅れているかを知りながら走ることで、計画的に走ることができるのです。

3. **やることを書き出す**

   目標を達成するためにやるべきことは一度全部書き出しましょう。いわゆる、"To Do"と呼ばれるリストです。また、"To Do"にはすべて期限をつけましょう。これには2つの意味があります。1つは、その期限までにやらなければいけない締切りです。これは締切りを越えないように個々の"To Do"を処理していく必要があります。提出期限を過ぎたレポートは受理してもらえません。もう1つは、諦めてよいと判断するためのものです。つまり、目標は立てたものの"いつかやろう"と、なかなか進んでいないものは大抵やらなくてもよい予定です。

まずは、気に入ったスケジュール帳を購入して、常に一緒に持ち歩く習慣をつけてみましょう。

付録B
メールの作法

　高校生の頃までは携帯電話のメールを友人、知人とのコミュニケーションの道具として使ってきたと思いますが、これからはパソコンのメールを使って、しかも目上の人と連絡をとる機会が増えてきます。携帯電話のメールとパソコンを使ったメールではマナーが異なり、覚えておくべきポイントがあります。また、最低限のマナーを守らないと、目上の人がメールを読んでくれずに困った状況に陥ってしまうかもしれません。

　まずは、以下の設定で教員にメールを書いてみましょう。
・受講している科目の担当教員である香住撫子先生に質問したい。
・講義が入っていない時間を希望する。

付録 B　メールの作法

> A さんの例
> 差出人：gakusekibangou@student.example.com
> 宛先：kasumi-nadeshiko@example.com
> 件名：なし
>
> 　こんにちは。いきなりのメールすみません。前回受けた講義についての質問があります。食品添加物の安全性評価のところをもう一度教えてください。私の講義の入っていない時にお願いしたいのですが、火曜日か木曜日の 15 時〜17 時の間のどちらかを希望します。お忙しいところ申し訳ありませんが、早めの返信をお願いします。m（...)m

　このメールは、ある教員が実際に受け取ったメールですが、文面を読んで固まってしまったそうです。このメールには、多くの問題がありますので、ポイントごとに見ていきましょう。

1. **件名について**

　大学教員のもとには、毎日何十通もメールが届きます。また、いわゆる「迷惑メール」も送られてきます。このため、仕事が非効率的にならないよう、不可解なメールは表示しないようメールソフトの設定をしている教員も少なくありません。"件名なし"や"お願いします"などを件名にしていると、教員が読まない可能性が高くなります。これを避けるためにも、**メールの内容が想像できるような簡潔な件名をつけることが重要**です。

2. メールの書き出しについて

目上の人に対するメールでは、たとえ相手が自分のことを知っていても、最初に名乗るのが組織や社会の礼儀です。ですから、**相手の氏名「○○先生」と書いた後に、まずは自分が誰なのか、学科、学年、学籍番号、名前を名乗ることが重要**です。また、大学教員は一度に多数の学生を担当しています。多い人なら100名以上の受講生を持っています。自分ひとりがメールを送っているのではないことをまず認識しましょう。

3. メールの本文について

(a) 相手の負担を減らす

何かをお願いするということは、相手に何らかの負担をかけることになるため、相手の負担を少しでも減らす配慮が必要です。質問への対応をお願いする場合だったら、"相手の都合を優先して、相手に時間を決めてもらう"ことが大切です。ですので、Aさんのように「火曜日か木曜日の15時〜17時の間のどちらかを希望します」と、書いてしまうのはよくありません。また、相手に日時を決めてもらっても、自分が行けなくては意味がありませんので、予め自分の都合が悪い時間帯を伝え、それ以外から指定してもらうとよいでしょう。

(b) 使ってはいけない言葉

Aさんは、前回の講義内容をもう一度解説して欲しいようですが、「教えてください」と書いています。一見丁寧なようですが「〜ください」は、命令形ですので敬語を使う場面では避けましょう。「〜していただけないでしょうか」、「して

いただければ幸いです」を使いましょう。また、Aさんは最後に「早めの返信をお願いします」と書いています。これは、教員に「早く返信しろ」と指図しているようなものですので、目上の人に対して大変失礼です。絶対に使わないようにしましょう。もしかすると、この一言で教員が気分を害し、返信してくれないかもしれません。さらに、Aさんは、本文の最後に顔文字を使っていますが、これは論外です。顔文字を使うのは、親しい友人間だけにしてください。

4. **メールの終わり方**

   メールの締めは、要件が何であっても「よろしくお願いします」で締めましょう。また、最後に「署名」を入れましょう。「署名」をつけることにより、メールの本文が完結しているということを知らせる役割があります。

5. **先生からの返信をもらったあとは**

   必ずお礼のメールを送りましょう。これは、ただ単に、感謝の気持ちを表すだけでなく、教員からのメールが無事に届いていると知らせる役割もあります。稀にではありますが、ITが発達している今日でさえ、サーバーの調子が悪いとメールが届かないといった事故もありえるのです。

> **ポイント**
> ・簡潔かつ本文の内容が予想できる件名をつける
> ・自分が誰なのか、必ず名乗る
> ・相手の都合を第一に考える

以上のポイントに注意して、改めて香住撫子先生にメールを書いてみましょう。以下に修正した例を示します。

差出人：gakusekibangou@student.example.com
宛先：kasumi-nadeshiko@example.com
件名：食品安全学の講義内容についての質問

香住撫子　先生

○○学科○年、学籍番号△△の日月太子と申します。先生の食品安全学を受講しております。

前回の講義内容について、食品添加物の安全性評価法がよく理解できませんでした。講義後も自分でも調べてみましたが疑問が解決しておりませんので、質問に伺ってもよろしいでしょうか。

履修の都合上、火曜日か木曜日の15～17時の時間帯しか伺うことができません。勝手を申して恐縮ですが、この時間帯で先生のご都合の良い時間をご指示頂ければ幸いです。

よろしくお願いします。
日月太子

あとがき

　もっぱら労働力や資本の投入を増やすことで成長し、ひたすら先進国へのキャッチアップをめざす経済。自分と異なる規範や倫理を持つ他者との関わりが、きわめて限られた社会。権力への服従が自明視される政治体制――。わかりやすい正解の用意されたこのような世界においては、教育とはおもに教科書の内容を記憶し内面化することである。
　他方で、模倣すべきモデルがなく、多様な人や共同体の間で複雑な関係が紡がれ、個々人が決定者として共同体の運営に参加しなければならない世界における人創りは、よりチャレンジングである。
　自らが属する共同体が直面する課題に取り組む意思や、社会が必要とするものをつかみとる感性を持ち、青写真を描くことのできる人。自由な想像力で新しいアイデアや技術を生み出し、経済成長のエンジンとなる人。共同体の歴史の中で積み重ねられてきた知恵や知識を継承しつつも、自分とは違うものの見方や考え方にも心を開き、他者とつながることのできる人。多数派や声の大きい人に流されず、自分の頭で考え、意見を表明することのできる人。今日の世界が必要としているのは、このような人間である。
　今、日本の大学は、このようなチャレンジングな人創りに取り組んでいる。その一環としての初年次教育が広がっており、福岡女子大学も平成23年度からファーストイヤー・ゼミを開講している。

つい数カ月前まで正解の用意された教室で学んでいた大学1年生が、当事者として社会に向き合い、自らの頭で考え、勇気を持って行動することのできる人間に成長する過程をサポートするのは、容易なことではない。教育者としての訓練を受けておらず、ともすれば専門の穴ぐらの中に引きこもりがちな大学教員にとっては、なおさらなことである。しかし、初年次教育を通じて、人創りという意義深い事業に関わり、学生の成長に励まされながら、みずからも襟を正すという経験をした大学教員も多いのではないだろうか。

　本書の上梓が叶ったのは、まさにこのような経験があってのことである。教育学の専門家でもなんでもない執筆陣に、初年次教育に関わり、教員として成長する機会を与えてくれた福岡女子大学に感謝したい。さらに同大学からは、本書の出版にあたっても財政支援（平成25年度福岡女子大学研究奨励交付金C）を受けた。また学内版第一弾完成から丸2年、同僚諸氏には、日々の会話やファーストイヤー・ゼミ授業開発研究会での議論などを通じて、数々の指摘や叱咤激励をいただき、大いに士気を高められた。

　そしてなによりも学生たちは、初年次教育をはじめて担当する教員に辛抱強くつきあい、しかも驚くような成長を見せてくれた。彼女たちの素直さと伸びしろに、どれだけ励まされたか分からない。とりわけ、国際文理学部学生有志の内川真帆さん、西山佑さん、横田友里子さん、吉野美穂さんは、生煮えの原稿を丁寧に読み、真摯で有益なコメントを寄せてくれた。また、藤野玲子さんに描いていただいた素敵なイラストのおかげで、無味乾燥なテキストや図表の羅列にすぎなかった原稿に、和やかさが加わった。

最後に、本書の出版を快く引き受け、編集をサポートしてくださった大学教育出版の佐藤守さんにも謝意を表する。

　たくさんの人に支えられたにもかかわらず、本書はあまりにも多くの欠点を含む。大学教員としての使命を心に刻み、教育者として成長しつづけることで、恩返しをしていきたい。

2014年3月

執筆者一同

索　引

■あ行

アイスブレイク　81
e-Stat　103
一般書　24
引用　48-9, 52, 64-5, 120-1
Wikipedia　127-8
APAマニュアル　56
円グラフ　113-4
奥付　25-6
OPAC（Online Public Access Catalog）　28-9
帯グラフ　113, 118-9
折れ線グラフ　114-5

■か行

学術雑誌　23, 48-9
学術書籍　24
学術論文　24
拡張子　126
間隔尺度　105-6, 114
脚注　46-7, 49, 52
共著　23
句読点　62
グラフ　39-42, 57, 70
検索エンジン　121-6

口語　44
後注　46-7, 49
コメント　72-3
根拠　32-8, 42, 54, 73

■さ行

参考　48-9
参考文献　46, 49, 51, 54-5
散布図　116
CiNii　30
質的データ　106, 118
順序尺度　105, 111
情報の信頼性　22
情報の鮮度　22, 122
新書　24
信頼性　30, 122
図表　56-8, 65
スライド　69-70
相関係数　116-7
属性　101

■た行

単著　23
段落　62, 64
注　46

中央値　107-8
ディベート　88, 90, 91, 93, 98
統計データ　40-1, 99, 103

■な行
日本十進分類法　28

■は行
ばらつき　109
ハンドアウト　67-8
批判　10-1, 38
批判的　10-2, 32-4, 37-42, 73
標準偏差　109
剽窃　9, 48, 50
標本　100-1
標本抽出　101
比例尺度　105, 106, 111
ファシリテーター　79-80
ブックレット　23
ブレイン・ストーミング　83
ブレスト　84, 85
プレゼンテーション　71
文語　44

平均値　107
編著　23
棒グラフ　111-3
母集団　100-1

■ま行
無作為抽出法　101
名義尺度　105, 111, 114-5
メール　132-5

■や行
有意抽出法　101
要約　34-7

■ら行
量的データ　106, 116
レジュメ　68
レファレンス・サービス　27

■わ行
ワークショップ　77-9, 86-7

執筆者紹介

小林　弘司　（こばやし・ひろし）

　現職：福岡女子大学国際文理学部 国際教養学科 准教授
　最終学歴：九州大学大学院 生物資源環境科学府 博士後期課程修了
　学位：博士（農学）
　主著：都甲潔監修『食品・医薬品のおいしさと安全・安心の確保技術』シーエムシー出版、2012年（19章担当）

JAYASENA　Pathmasiri　（ジャヤセーナ・パスマシリ）

　現職：福岡女子大学国際文理学部 国際教養学科 教授
　最終学歴：広島市立大学大学院 国際学研究科 博士後期課程修了
　学位：博士（学術）
　主著：'Searching for an Institutional Framework for Ethnic Accommodation in Sri Lanka'「スリランカにおける多民族共存のための制度の枠組みを探る」、2006年11月、広島市立大学『広島国際研究』第12巻
　　'The Applicability of Just War Criteria to the Gulf War: A Critical Assessment'、2012年、福岡女子大学国際文理学部『国際社会研究』第1巻

鈴木　絢女　（すずき・あやめ）

　現職：同志社大学法学部 政治学科教授
　最終学歴：東京大学大学院 総合文化研究科 博士後期課程修了
　学位：博士（学術）
　主著：『〈民主政治〉の自由と秩序：マレーシア政治体制論の再構築』京都大学学術出版会、2010年

藤野　友和　（ふじの・ともかず）

現職：福岡女子大学国際文理学部 国際教養学科 准教授
最終学歴：岡山大学大学院 自然科学研究科 博士後期課程修了
学位：博士（理学）
主著：『R で学ぶデータサイエンス 12 統計データの視覚化』共立出版、2013 年（共著）
　　　『R によるデータマイニング入門』オーム社、2015 年（共著）

望月　俊孝　（もちづき・としたか）

現職：福岡女子大学国際文理学部 国際教養学科 教授
最終学歴：京都大学大学院 文学研究科 博士課程単位取得退学
学位：文学修士
主著：『漱石とカントの反転光学――行人・道草・明暗双双』九州大学出版会、2012 年
　　　『物にして言葉――カントの世界反転光学』九州大学出版会、2015 年

渡邉　俊　（わたなべ・すぐる）

現職：福岡女子大学国際文理学部 国際教養学科 准教授
最終学歴：東北大学大学院 文学研究科 博士課程後期修了
学位：博士（文学）
主著：『中世社会の刑罰と法観念』吉川弘文館、2011 年
　　　『カミと王の呪縛』岩田書院、2013 年（共編著）
　　　『検証網野善彦の歴史学』岩田書院、2009 年（共編著）

本書各章各節の文章は、年々数次の編集会議をへて、もはや原形をとどめない。その文責はすべて執筆者全員に帰す。

学問キャリアの作り方

2014 年 3 月 31 日　初版第 1 刷発行
2017 年 4 月 20 日　初版第 2 刷発行
2021 年 4 月 20 日　初版第 3 刷発行

■著　者——小林弘司／ジャヤセーナ・パスマシリ／
　　　　　　鈴木絢女／藤野友和／望月俊孝／渡邉俊
■発行者——佐藤　守
■発行所——株式会社　大学教育出版
　　　　　　〒700-0953　岡山市南区西市 855-4
　　　　　　電話（086）244-1268　FAX（086）246-0294
■印刷製本——モリモト印刷㈱

Ⓒ FUJINO Tomokazu 2014, Printed in Japan
検印省略　　落丁・乱丁本はお取り替えいたします。
本書のコピー・スキャン・デジタル化等の無断複製は著作権法上での例外を除き禁じられています。本書を代行業者等の第三者に依頼してスキャンやデジタル化することは、たとえ個人や家庭内での利用でも著作権法違反です。
ISBN978-4-86429-260-3